从0到1学做短视频营销

燕鹏飞　张皓翔◎著

中国纺织出版社有限公司

内 容 提 要

短视频营销作为一种新型营销模式，代表着各领域品牌发展的新趋势和新方向，对人们的购物方式也产生了越来越大的影响。学习短视频营销技巧，是广大品牌商寻找全新商业变现之路的必选题。

本书共分为九章，包括探索揭秘、思维先行、精准定位、视频制作、内容输出、引流变现、营销策略、借势上位、案例解析，全面深入阐述并手把手解析品牌成功借助短视频营销的策略和玩法。通过通俗易懂的语言、丰富翔实的案例，详细解密品牌短视频营销实现引流与变现的技巧。

本书从细节出发，有观点、有操作、有案例，阅读本书，尤其对于涉足短视频营销的新人可以提供一些指导性帮助。希望在如今短视频火爆之际，致力于短视频营销的品牌商能够在这条全新的营销道路上越走越好、越走越远。

图书在版编目（CIP）数据

从0到1学做短视频营销 / 燕鹏飞，张皓翔著.--北京：中国纺织出版社有限公司，2021. 5

ISBN 978-7-5180-8506-4

Ⅰ. ①从… Ⅱ. ①燕… ②张… Ⅲ. ①网络营销 Ⅳ.①F713.365.2

中国版本图书馆CIP数据核字（2021）第077040号

策划编辑：史 岩　　责任编辑：陈 芳

责任校对：寇晨晨　　责任印制：储志伟

中国纺织出版社有限公司出版发行

地址：北京市朝阳区百子湾东里 A407 号楼　邮政编码：100124

销售电话：010—67004422　传真：010—87155801

http：//www.c-textilep.com

中国纺织出版社天猫旗舰店

官方微博 http://weibo.com/2119887771

天津千鹤文化传播有限公司　　各地新华书店经销

2021 年 5 月第 1 版第 1 次印刷

开本：710×1000　1/16　印张：13

字数：170 千字　定价：55.00 元

前言

时代在发展，万事万物都在随之发生巨大的变化。互联网、移动互联网的发展，使人们获取信息的方式越来越简单和便捷，内容形式也越来越趋于多样化。信息传递从最初的文字、图片演变为如今更加直观、更具娱乐性的视频形态。

正如时下互联网领域的一句非常流行的网络表述“无视频，不生活”一样，短视频已经成为人们生活中不可分割的一部分。而视频化内容也成为当前人们进行娱乐和打发碎片化时间的重要方式。尤其是短视频，对人们生活的影响无处不在，人们无论是在聚餐、旅游，还是工作、生活之余，都会将相关场景中拍摄的一小段视频分享到自己的朋友圈。

可以说，在短视频发展初期，其主要功能停留在“观看”上，带有纯娱乐性质；然而随着短视频用户需求的不断提升，短视频的功能发生了改变，主要以传递价值、彰显自我主张、体现生活观念等作为内容制造的基准点。显然，短视频内容品质的提升，进一步扩大了其存在的意义。

相比于传统的长视频，短视频代入感更强、传播性更强，并且凭借其“短”的特点深深地嵌入每个用户的碎片化闲暇时光中，在创作和传播上显得轻盈了许多。这样就吸引了众多短视频创作者、品牌商们从文字和图片中跳出来，转向短视频内容创业。由此，短视频营销便成为一种全新的营销模式，并且悄然改变了传统的品牌营销方式。

然而，短视频营销能够成为时下品牌营销的一种新趋势，是有一定的助推力量的：

1. 流量价值：提升品牌影响力

粉丝数 = 影响力。品牌商要想提升自身影响力，就需要想方设法增加粉丝数量。短视频平台上聚集的大多是年轻用户，且该层级的用户增长速度非常高速，他们追求时尚和潮流，有较强的社交能力。品牌短视频营销方式，可以将短视频平台上的粉丝转化为品牌粉丝，并通过社交方式带来新粉丝，自然能为品牌带来更高的影响力。

2. 产品价值：提升品牌互动率

不同的短视频平台，在玩法上有所不同，能够为品牌与用户之间带来不同的互动方式。品牌选择在不同的短视频平台上分发内容，不但能提升品牌曝光率，还能有效提升品牌与用户之间的互动率，让更多用户在互动的过程中记住品牌和产品，甚至了解和爱上品牌和产品。

3. 技术价值：助力品牌实现精准营销

各个短视频平台在功能和技术上也有所区别，有各自的技术和算法，能够建立起更加精准化、智能化的内容分发系统。品牌商在进行短视频内容分发的时候，就能够实现与用户需求的精准匹配，助力品牌实现精准营销。

简言之，与以往的营销方式不同，短视频给每个品牌商带来的营销空间是非常巨大的。因此，品牌商就需要利用短视频去打造更加优质的内容、制订更加科学的营销策略、做更有意思的营销活动。

燕鹏飞　张皓翔

2021 年 1 月

目录

第七章
营销策略：品牌商盈利暴涨的修炼之法

第八章
借势上位：各短视频平台营销优势解析

第九章
案例解析：解析经典短视频营销的成功逻辑

第一章
探索揭秘：短视频营销风口爆发背后的商业密码

如今，短视频逐渐趋向于移动化、资讯化和社交化，并且使短视频营销成为目前众多品牌获利的一项重要利器。当下，短视频营销异常火爆，一大批短视频平台蜂拥而来，抖音、快手、美拍、小红书、爱奇艺等争相走上短视频平台的商业化之路。短视频营销风口爆发之际，其背后隐藏的商业密码值得我们去深究和破解。

第一节　短视频营销发展的前世今生

在过去，电视机是视频输出的主要工具，如今随着移动智能设备的普及，以及人们的时间越来越碎片化，视频输出工具发生了变化，视频长度也发生了变化。短视频，尤其是移动短视频成为人们生活中的常见视频输出形式，并且与人们生活的联系越来越紧密。

就当前的发展现状而言，基于内容的所有形式中，与电视剧、电影等长视频相比，短视频则更能因为用户时间的碎片化而获取更多用户。与此同时，与静态的文字和图片相比，短视频基于动态化的特点则能够赢得用户更长的使用时长。这也正是当前短视频营销受到品牌青睐的原因。

那么短视频营销究竟是从什么时候开始的呢？经过了哪些发展阶段？这就要从短视频营销发展的前世今生开始说起。

一、短视频峥嵘时代初现

回顾短视频的发展史，可以追溯到 2011 年。当时，移动互联网技术的发展推动了移动短视频的出现，但在那时短视频领域还没有出现顶级产品。因为，一方面，移动互联网方兴未艾，用户对移动互联网的使用以及应用场景还未得到进一步的普及；另一方面，受到宽带、网速等条件的限制，短视频还没有得到快速发展。

随着时间的进一步推移，在 2013 年，秒拍、微视等短视频平台的出现，使移动短视频的发展又向前迈出了一大步。这意味着我国的移动短视频时代真正进入发展阶段。

2013 年 7 月，“潜伏者”一下科技在两年的酝酿之后，获得了新浪领投、红点和晨兴资本的 2500 万美元 B 轮融资，这为其进一步发展做足了准备。同年 8 月，一下科技的“秒拍”短视频平台正式上线，并且赢得了新浪微博的大力帮助，也吸引了众多明星的加入。在这两股力量的推动下，“秒拍”的用户呈爆发式增长，这也是短视频领域的一次大爆发。

与此同时，腾讯也开始向短视频领域发力，打造了“微视”短视频平台，其主要是注重 PGC（专业生产内容）内容的生产，但并不仅局限于此。腾讯还打通了旗下的 QQ、微博、微信等产品链，用户可以将自己录制的短视频同步分享到微信、微博以及朋友圈，实现了多渠道分发。可以说，秒拍和微视的出现，使真正的短视频时代到来。然而，这又表明中国的互联网发展又上了一个新的台阶。

二、社交媒体和工具平台“珠联璧合”

2014 年，很多企业和创业者开始嗅到了短视频的商机，于是纷纷涌入，使短视频平台如雨后春笋般密集面世。快手、小影、小咖秀等短视频应用主打个性化工具生产，为短视频的发展确定了方向。然而，巨头们也不甘示弱，开始向短视频领域发起冲锋，“春节拜年”“全民社会摇”“冰桶挑战”又一次把短视频的发展推向了一个新高潮。

2014 年春节期间，何炅、张歆艺等百位明星在微视上给观众拜年，并在电视上轮播。这使微视在同领域中获得了一波小高潮：连续数次在 App Store 上保持前五位，日活跃用户数达到了 4500 万人。仅除夕至大年初一，就有数百万人通过微视发布、观看了拜年短视频，总播放量达到了上亿次。

2015年，短视频市场形成了一种“群雄争霸”的局面，以社交媒体模式为代表的美拍，以PGC模式为代表的微视，以工具平台模式为代表的小影、小咖秀，分别凭借自身独有的特点相互间胶着不下。

三、短视频营销下第一网红诞生

短视频发展的真正爆棚期是2016年。从这一年开始，内容与融资共舞、形势与渠道齐飞。由此也带来了一个真正的基于内容的短视频营销时代。

被誉为“20世纪艺术界最有名的人物之一”的安迪·沃霍尔说过：“在未来，每个人都可能在15分钟内出名。”在当前互联网、移动互联网普及的时代，可以说“一个人想要成名只需要15秒”。

在中国短视频史上，就有这么一位叫作姜逸磊的人，她就是一个在15秒内成名的典范——Papi酱。如果要问2016年最火爆的自媒体人是谁？Papi酱当仁不让。Papi酱自称是一个“集美貌与才华于一身的女子”，一个论文还没有写完的中戏导演系研究生，在获得由真格基金、罗辑思维、光源资本和星图资本联合注资的1200万元投资之后，不到半年时间就成为网红发展史上身价上亿元的顶级网红。她的语气、表情、笑声，甚至是咳嗽，都能成为让千万网友竞相模仿的对象。

故宫淘宝、微信公众号的微信图文阅读数量破10万人次，这是少数人才能做到的，而Papi酱仅用3分钟的短视频，就能达到期期超过200万人次的播放量。这一傲人的数据，惹得自媒体圈里圈外都格外“眼红”。尤其是在2016年4月，丽人丽妆以2200万元的天价拍下了她仅不到6分钟的短视频广告，被打造为新媒体第一个标王。Papi酱无疑是魅力人格的典范，她可以说是中国真正意义上的短视频网红第一人。

四、短视频内容乱象丛生

Papi 酱荣登“神坛”之后，一众网红又在短视频的海面涌出，如办公室小野、大胃王密子君、张大奕、何仙姑夫、二更、一条等，他们在一夜间蹿红，并以雷霆的速度触及短视频的冰山之巅。

随着短视频的不断发展，5 年的时间里，短视频经历了从 20 分钟到 15 秒的巨变，也造就了一大批网红，就连明星也开始向网红靠拢，走上霸屏的道路。这条路上有机遇、有财富，成就了不少人的名和利。

然而就在网红队伍不断壮大之际，短视频内容却乱象丛生。

2017 年年初，秒拍、微博率先与一批 MCN 机构（一个以资本来扶持和保障内容输出的机构）达成合作，此时的短视频平台除了机构化之外，其内容生产还向轻量化、扁平化、快速化方向转变。并且此时一直不温不火的短视频，也开始彻底进入全面爆发阶段：各短视频平台纷纷根据每个用户的不同喜好为其推荐相关内容，并强调用户社区的运用，采取以农村包围城市的打法，开始向三四线城镇以及农村进驻，将目光瞄准“底层用户”。而鬼步舞教程、暴饮暴食、成功学、各种猎奇等五花八门的内容成为众多平台获取底层流量的重要方式。

五、秩序重建，时间碎片化、内容规范化成突破点

任何时候，任何一种混乱无章的状态都必然不会持续太久。因此，进入 2018 年，中国的短视频领域开始打破原有规则，并进行秩序重建，“野路子”被“正规军”取代。

一方面，更短、更加碎片化成为短视频“短”的重要特点。

另一方面，以抖音为首的短视频平台，开始通过制造话题、提供大

量素材，打造年轻的“酷文化”，并且依托算法推荐，以强运营带动用户观看和参与，实现“音乐+15秒短视频”的模式，迅速获得了一二线城市用户的青睐。这种PGC+UGC（用户生产内容）的模式，让抖音在中心化和去中心化之间得到了完美的平衡，从而塑造了流量的持续性。从此，抖音与微信、微博被称为“两微一抖”，成为移动短视频运营的全新模式。

2019年，短视频的发展进入了高光时刻。无论是巨头竞逐，还是草根加入，都是为了短视频的流量而来。品牌商们搭上短视频这趟列车开展营销活动，必定能为其品牌内容赢得大量的曝光和盈利机会。

第二节　短视频营销风口来临，局势渐显

如果将2017年称为“直播年”，那么2018年就是“视频年”。

2017年，直播的出现带红了一大批网红。那一年直播领域吸引了众多商业人士蜂拥而至，都想从中分得一杯羹。

2018年，创意短视频在短时间内占据了网络营销的半边天，人人都是网红，人人都是短视频内容的生产者。

毫无疑问，在移动互联网迎来井喷式发展的时刻，“短视频”则成为时下最火爆的三个字，也是网络营销领域应用最多的营销方式。这是因为，短视频不但综合了图文的优势，还使硬性广告给普通用户带来的伤害最小化，因此在这个信息飞速发展的碎片化时代，短视频成为能够抓住用户眼球、实现最精准营销的有效营销工具。

短视频内容与传统的图文信息传递渠道相比，具有以下三方面的

优势：

第一，与传统的图文信息载体相比，短视频内容信息更加丰富化，更具可视化。

第二，在当前的时间碎片化时代，短视频更加适应当前这种发展现状，更能迎合用户利用碎片化时间的需求，能够实现实时精准阅读。

第三，短视频在网络媒体上更加便于用户转载和分享，并进行有效传播。这种分享和传播渠道还能够打破固有圈层，有效打通微信、QQ、微博用户之间的壁垒，实现用户的互联互通，让内容信息能够在最短的时间内实现最大范围的传播。

从以上优势来看，短视频营销风口的来临其实是顺势而为，更说明短视频必然会成为适合当下用户现状的最佳营销方式。然而，这又使每一个活在互联网时代的品牌，都争相通过短视频营销来传达品牌故事。随着短视频营销生态的日趋成熟，谁先抢占了这一巨大的流量入口，谁就拥有了短视频营销的绝对话语权。正因如此，品牌短视频营销已经在当前网络营销领域局势渐显。

一、京东打造“京晚8点”短视频布局

在淘宝打造短视频 App 之际，京东也开始看到短视频的生财之道，便在这一领域做重点布局。

京东在布局短视频的过程中，其战略与淘宝大不相同。京东布局短视频的目的主要是提升销量，希望通过能够引起用户情感共鸣的内容，赢得广大用户的芳心。所以，内容营销成为京东打造短视频的重中之重。“京晚 8 点”就是京东据此打造的重点短视频内容 IP。

1. 产品介绍

2018 年元旦期间，京东打造的“京晚 8 点”正式面世。“京晚 8 点”是京东与行业内头部的优质内容制作团队合作打造的短视频内容，每期内容在质量方面都体现出了较高的水准。与此同时，还在融入创意和情感传达的过程中，通过结合京东的线上运营产品，或与品牌、商家、商品的深度融合，形成了更具特色的内容 IP。

2. 内容展示

以 2018 年京东“818 手机节”为例。“818 手机节”正好赶上了中国的传统节日七夕节，在这样具有双重意义的日子里，京东手机联合“京晚 8 点”推出了两部以“手机”为主题的短片，借助“有情感、有温度”的内容，为京东手机传达“在意你的每一部”的品牌理念。这样的短视频内容一经播出，就引发了用户的互动与评论热情，留言区立刻成为“齁甜”的告白场。

（1）第一部短片是华为浪漫短片《半径 6371KM》

这部短片仅用 4 分 37 秒的时间，围绕异国恋爱情侣展开。在画面一开始，女主角就有这样一句旁白：“我要结婚了，和一步手机。”这样不同寻常的台词使短视频一播放就引发了人们的好奇心。

都说手机拉近了人与人之间的距离，尤其是对于异地恋、异国恋来说，手机是人与人之间保持情感连接的重要纽带。该短片实际上是以真人真事为原型改编而成，整个剧情中男女主角相差 12 小时的时差，两人约好每天“晚 8 点”进行视频通话，这个时间点是与“京晚 8 点”的 IP 相契合的。

整个短视频以男女主角双视角的叙述方式推进，女主角用一款华为 nova 3 相思红与男主角视频、聊天。以男主角向女主角求婚作为结尾，使整个故事更加丰满、更加动人。这部短片让很多同样经历过，或者正在经历异地恋、异国恋的情侣们，在看完整部短片之后内心产生强烈的情感共鸣。

短片播出之后，京东“818 手机节”当天，女主同款华为 nova 3 相思红开售。短篇故事中，手机一直贯穿其中，将整个故事有效地串联起来，这样的品牌植入既不会让人感到厌烦和突兀，又能让品牌变得更加有温度。

（2）诺基亚成长励志短片《对她说》

这则短片时长更短，仅用时 2 分 46 秒。在短片开始的时候，以一个未露面的男声进行旁白。在短片中，以一个女主角的故事线展开，随着故事的推移，慢慢地就会发现，其实刚开始旁白的男声正是女主角的手机发出的。

该故事描述的是女主角花了 12 年的青春去打拼，经历了失恋、升职等像大多数都市白领一样会遇到的问题，表达了当代上班族的内心活动。然而，在女主角经历的这 12 年中，每一个故事环节都有一部不同型号的诺基亚手机融入其中。通过诺基亚手机型号的不断变化，让受众们清晰地感受到时间的向后推移，更好地表达出京东手机“在意你的每一部”的品牌理念，也见证了诺基亚手机的发展历程。

这两部短片都是用手机竖屏的模式录制的，受众在感受到手机充满人情味的同时，更能从视觉上获得一种很好的沉浸式体验。这正是京东布局短视频，并开展内容营销活动让人为之动容的地方。

二、唯品会借抖音发起挑战赛

淘宝和京东这样的巨头在短视频领域的布局，吸引了越来越多的“捕鱼者”深挖短视频营销的价值，并从中获利。唯品会作为电商行业中雄踞前三榜位的电商平台，同样打造短视频营销的花式玩法，吸引了更多年轻人的关注和喜爱。唯品会与抖音短视频平台进行深度合作，从而开启了电商短视频营销的创新玩法。

2018 年 6 月 16 日，唯品会与抖音强强联手，发起“挑战有意思”挑战赛。发起这场挑战赛的主要目的是为唯品会“616 好物会发声”的主题开展大促活动。

在活动的当天，唯品会与各大品牌、内容机构共同发起抖音挑战赛，很快就在广大用户中掀起一轮狂欢热潮，并收获了超过 4.9 亿次的品牌总曝光量，点赞数达到了 1386 万次。更重要的是，本次挑战赛吸引了 142703 位参与者积极参与其中，获得投稿 157675 条。显然，唯品会与抖音合作发起的这次短视频挑战赛大获成功。

那么，唯品会是如何借助抖音平台玩转短视频营销的呢?

1. 创意贴纸与魔性 BGM，制造刷屏法宝

唯品会将“挑战有意思”作为此次挑战赛的主题，主要是向广大用户传递一种“show 出你的生活好物”的理念。这一挑战赛一经发起，就吸引了广大用户的参与，为广大用户的生活增添了色彩和乐趣。为了使挑战赛更具吸引力，唯品会还携手抖音共同定制了更加符合其自身特点的内容。

抖音贴纸是唯品会的玩法之一。它可以自动进行人脸识别，用户可以通过这种人脸识别技术为自己带上一顶写有“VIP”的女王范爆棚的专属皇冠。除此之外，画面中的右上方还会出现“唯品会 616”粉色礼盒，里面会冒出各种好物，非常有趣。

除此以外，还配有《挑战有意思》的背景音乐，歌词通俗易懂，以说唱的形式表达出年轻人对“有意思的生活”的憧憬和向往。整个音乐节奏欢快、动感强，为整个挑战赛注入了无限活力，使整个挑战赛更加具有趣味性。

2. 达人团快速圈粉引流

唯品会在抖音平台上发起的这场挑战赛，除了为“616 好物会发声”活动定制了挑战赛内容，还邀请了 6 位知名达人组团参与其中。这个达人团的成员有 @Panadol 雅哥、@Ameile_ 星星、@ 陈意礼、@ 薛老湿等著

名抖音达人，可以说是融技术、颜值、高效等多个领域于一体。

在挑战赛开始之际，每个优势不同的达人发挥各自的优势，其表演形式十分亲切，瞬间燃爆了整个挑战赛的氛围。其中 @Panadol 雅哥打造的抖音短视频挑战赛内容深受广大粉丝的喜爱，一举获得了 723661 次的播放量，斩获了 15956 次点赞，其有效互动率（有效互动率 = 有过广告互动行为的独立访客 / 广告曝光独立访客）占达人团首位。此外，@Ameile_星星和 @ 陈意礼也分别以 311218 次、258567 次的播放量位居第二名、第三名。

本次挑战赛吸引了 11.4 亿次播放量，很显然，达人的示范起到了很好的带头作用，同时也使粉丝们跟随其后，衍生出诸多极具创意的模仿作品，这些作品则成为唯品会此次活动大范围宣传的催化剂。

此外，惠氏奶粉也在抖音平台上同步发声，邀请萌娃达人 @ 陈可辛参与唯品会此次举办的挑战赛，以热门游戏“跳一跳”植入惠氏奶粉，收割了 108936 次播放量。惠氏奶粉因为参与此次挑战赛，在唯品会上的曝光量大幅提升，其销售额达到此前日均销售额的 10 倍。如此惊人的销售额增长，足以表明短视频营销为品牌所创造的价值异常巨大。

3. 黄金广告位助力，有效触及用户

唯品会在借助抖音短视频平台开展营销活动的过程中，为了能够将短视频内容更快、更好地送达用户，选择在抖音上抓住开屏、原生信息流广告等黄金广告位来直接触及用户，达到了以点带面、全面突破的目的。这种采取黄金广告位助力的方式，可以在第一时间抓住用户的眼球，为唯品会强力吸引用户、快速提升曝光量，起到了重要的助推作用。

总之，唯品会在短视频营销领域的布局，以抖音挑战赛的方式开展，逐步实现了品牌的立体曝光，成功为唯品会自身的大促活动带来了巨大的流量。

三、苏宁易购打造“头号买家”玩转短视频营销

随着市场形态的不断变化，电商圈也开始乘着短视频快车热闹起来。电商巨头们纷纷向短视频领域靠拢，纷纷上线内容板块。

内容产业在当下已经成为短视频领域的一个重要赛道，电商巨头们借助短视频内容开展营销活动，会擦出与以往截然不同的火花。当前，抖音作为一个短视频平台就具备一个能够“直达淘宝”的功能，这一功能将抖音短视频平台与淘宝有效地连接起来，帮助淘宝店铺有效引流，赢得销量（图 1-1）。

图 1-1　抖音“直达淘宝”

然而，苏宁易购作为时下具有潜力的电商平台，也开始将脚步迈进了短视频领域，走上“短视频 + 电商”的信心营销之路。

苏宁易购为了迎合全新的短视频内容营销玩法，打造了“头号买家”平台。具体的玩法是什么呢？

1. 全面整合，引发销量爆棚

“头号买家”平台是苏宁专门为了提升到货率而创建的一个红人短视频平台，该平台全面整合了明星品牌、爆款单品，并且邀请明星、达人入驻并参与短视频制作。此外，还通过多种奖励方式激励广大用户主动参与，从而为平台带来销量的爆棚。

2. 针对性场景化内容带来优质购物体验

苏宁易购每天还通过“头号买家”平台打造不一样的内容，为广大用户展示不一样的爆款。为“头号买家”开通专属频道，根据用户的不同需求制作有针对性的视频内容，让用户边看边买，在为用户精心带来高品质内容的同时，使用户能够真切地感受到场景化营销模式给自己带来的优质购物体验。

3. UGC 和 PGC 共同成长

苏宁为了能够生产出更多优质的短视频内容，一方面，发布百万年薪招聘广告，注重对带货达人的引入，而且还在广大用户中下达“征集令”：凡是能够生产出有趣、有创意内容的人，凡是爱钻研、脑洞足够大、对实现网红产品能够随口即出，同时喜欢在第一时间将自己发现的“好物”分享和推荐给自己身边好友的人，都可以报名参与应聘。这样就是典型的 UGC，即用户生产内容。

另一方面，苏宁还对 MNC 机构、专业媒体、达人、网红，以及各领域的 KOL 资源进行了调整，对多平台的变现模式进行了完善和优化，形成了内容生产、变现矩阵。这种方式又使“头号买家”平台实现了 PGC，即专业生产内容。

苏宁能够结合用户和专业资源进行内容创作，从而保证了 UGC 和 PGC 共同成长。

苏宁打造的“头号买家”短视频带来的全新变现玩法，与专业的抖音、快手之类的短视频平台相比，虽然在短视频领域的发展过缓，但是作为电商领域的巨头，拥有强大的电商基因，这一点使苏宁能够在短视频行业同样拥有较强的竞争实力。

总而言之，苏宁为了提升自身的带货能力、有效吸引客户，在短视频领域群雄逐鹿之际，也是下足了功夫。当前的顾客已经不像以前一样看看产品就会下单，而是更加注重内容、更加注重产品的使用体验，苏宁打造的“头号买家”平台就是迎合当前的消费方式而构建的一种全新营销方法。

第三节　短视频成为品牌营销“黑科技”的秘密

2017年，短视频发展势头异常迅猛，短视频已经不仅流于简单的视频属性，还被赋予了时下备受瞩目的社交属性。2018年，短视频的价值被最大化地挖掘出来，各品牌纷纷向短视频靠拢，以期最大限度地获取盈利。一时间，短视频营销成为品牌营销的“黑科技”，备受各品牌的青睐和追捧。

除此以外，短视频营销仿佛酝酿着巨大的磁能量般，吸引了数以亿计的草根用户和越来越多的优质内容创作者纷纷加入短视频营销行列。所以，无论是企业巨头，还是网红达人，抑或是大街小巷，人人都在谈短视频，都在做短视频，甚至都在开展短视频营销活动。

然而，短视频几乎在所有的草根品牌、巨头品牌的营销活动中都创造了营销奇迹。在这个风口上，短视频营销究竟为何火爆呢？其被誉为品牌营销“黑科技”的短视频背后的秘密是什么呢？这是每个站在短视频风口上，希望借助短视频快速盈利的人，所急切需要知道的答案。

一、网络的发展和智能手机的普及

如今，我们生活的这个大环境中，几乎人人都在使用手机，无论是吃饭的时候，还是上卫生间的时候；无论是上下班在地铁上的时候，还是晚上睡前的时候，都会拿出手机刷刷朋友圈小视频、抖音小视频，甚至在发现自己感兴趣的内容时，如搞笑内容、炫技内容、知识内容等，还会向自己的好友发链接推荐。这些已经成为时下人们生活的日常。

人们能够毫无忌惮地刷视频、转发视频，甚至能够主动找链接、搜索短视频中同款产品并产生购买行为，其关键就在于当前网络的不断发展和智能手机的不断普及。

1. 网络的不断发展

随着科学技术的不断发展，互联网、移动互联网“短、平、快”的特点日益凸显。尤其是2G、3G、4G、5G以及免费WiFi的全覆盖，使网络在人们的生活中实现了无缝连接，人们可以在实体店中，如商超、地铁、咖啡店等尽情地在网络的海洋中遨游。

与此同时，在国家政策的干预下，我国的网络资费也开始全面下调，人人都能用得起。这样就为广大用户提供了上网便利，再也不用担心流量问题。

2019年2月28日，中国互联网络信息中心发布的第43次《中国互联网络发展状况统计报告》中显示，截至2018年12月，我国网民规模达8.29亿人，全年新增网民5653万人，全年新增手机网民6433万人，网民中使用手机上网的比例从2017年年底的97.5%提升至2018年年底的98.6%，手机上网已经成为网民最常用的上网渠道之一。

2. 智能手机的不断普及

智能手机的不断普及，使人手至少一部手机成为标配。再加上用户在使用智能手机的时候能够给其带来很好的使用体验，包括便捷性、便携性、即时性、精准性，这些特点就为广大用户录制短视频和刷短视频提供了很好的契机。

因此，用户无论在何时何地，都可以借助智能手机轻松使用网络录制和观看短视频，同时还能利用流量浏览网购平台、购买心仪的产品。这就为用户随时随地通过短视频平台引流，以及进行购物，带来了极大的便利。还能将自己心仪的产品直接分享和推荐给自己的QQ、微信好友，或者社群其他成员。这对于品牌商而言，有效实现了精准营销。

二、碎片化消费成主流趋势

在当前的商业环境下，互联网的出现，让人们的生活变得更加“碎片化”，了解实事的方式也变成了一种“快餐”“即食”形式。人们在等车和坐车时、吃饭时、午休时、逛街休息时、看电影前、睡前都有一段短暂的时间可以自由支配，这些时间段的特点是短暂且琐碎，都属于碎片化时间。

举个简单的例子：如果在等电梯的时候，用手机回复一封工作邮件，只需要打几个字就可以，那么就可以充分利用等电梯的碎片化时间完成一些简单的工作。或者有的人整日忙于工作，却因为朋友生日将至，抽不出时间去商场为朋友选择生日礼物，而是在中午吃饭的短暂时间，随即打开唯品会，挑选一件心仪的商品，作为朋友的生日礼物。然而，这种情景在当下已经成为人们生活中的一种常态，更是人们的一种消费主流和趋势。

所以，很多商家正是看到了其中蕴含的商业价值，就开始充分利用人们的碎片化时间盈利。而短视频则因为其“短”的特点而正好迎合人们的这种时间碎片化特点，成为品牌商们十分中意的赚钱方式。它们抓住人们时间的“碎片化”和浏览手机打发闲暇时间的生活特点，在二者相结合的基础上便诞生了短视频营销模式。

通常，短视频的播放时长在 5 分钟之内，如微博短视频通常为 15 秒；微信短视频通常是 10 秒；陌陌短视频也是 15 秒；快手通常是 57 秒；抖音通常是 15 秒；今日头条短视频为 4 分钟。这样不长不短的视频内容既能让用户的“碎片化”时间很好地打发掉，又能吸引用户的眼球，让用户在不知不觉中刷上几个小时的视频。这就是短视频受到用户青睐的原因，也是短视频营销能受到品牌商追捧的原因之一。

三、社交消费需求的升级

网络的发展和智能手机的普及，使人们之间的交往越来越频繁，并逐步养成了一种移动互联网消费习惯。在商业领域有这样一句话：“有人聚集的地方，资本必将追随，生意也会随之而来。”

当下，“低头族”越来越多，只要拥有闲暇时间，人们就会低头看手机，而此时潜在消费人群已经聚集起来。很多商家也从中发现了商机，开始在移动终端动脑筋，挖掘这些潜在的商机。

想在移动互联网时代做生意，最应该做的事情就是了解手机用户最愿意用手机做什么。人们的第一需求是社交，因此在手机上花费时间最多的就是社交。无论是聊天、吐槽还是发段子，这些行为占去了人们玩手机的大部分时间，而这些都为社交的商业化提供了一定的条件。

在以往，文字、语音、图片、长视频都是常用的社交方式，然而当下，短视频则成了新的发力点。短视频集文字、语音、图片、长视频社交方式的优点于一身，简单直观、代入感强、参与感强，是一种更加理想的营销方式，这也是当前社交消费需求不断升级的结果。

所以，当下从微信短视频到抖音短视频、快手短视频等，都为用户提供了社交消费购物的入口，成为网络社交用户的一种全新消费购物习惯。

四、内容消费升级

“内容消费”成为时下的一个热门词汇，并逐渐呈升温态势。

随着经济和技术的不断发展，消费者已经不仅停留在对产品等物质消费方面的满足，而是更多地开始向精神层面的满足挺进。互联网、移动互联网的发展，使我们处于一个信息超载的时代。据相关统计数据显示，每天一个网民平均接受的单词数量达到54000个，这样庞大的单词数量足以等同于一部小说。可见，网民对内容的需求超乎了我们的想象。正因如此，内容消费成为当下的一种态势，并且呈现出全面升级的趋势。

在当下的“内容消费”时代，消费者的内容消费逐渐升级，他们更加注重和讲究的是基于其身份感而产生的精神需求。换句话说，用户对内容的需求，从有什么看什么，逐渐升级为专业性、有态度、有权威性、有深度、轻松化的内容，以及基于自身身份、能体现自我价值观、能承载自我习惯并实现情感连接的内容。具体体现在以下几个方面：

①内容决定了人们的消费行为和消费热情，帮助消费者获得最优的产品。

②优质的内容可以提升个人生活品味。

③从内容中可以获得新知，能够实现自我提升。

④好的内容可以给人带来情感上的愉悦和精神上的放松。

⑤优质内容可以驱动人与人之间的分享，增加人与人之间的社交频次，强化人与人之间的社交关系，让用户充分地表达自我。

生活在互联网、移动互联网时代的人们，每天访问网络的平均时长达到了 3.6 小时，晚上 21 点是一天中使用手机的峰值时刻，睡前更甚。与此同时，使用互联网的网民也呈现出地域性和年龄层特点：一线城市“夜猫子”更多；二线城市周末下午是人们更加休闲的上网时间。这样的手机阅读和浏览习惯，使更多的内容在更多的时间、空间中在手机上被消费。

此外，消费者更加注重内容的兴趣化、泛娱乐化，而且在浏览、阅读内容的时候更加注重互动性。在视频观看中有 75% 的用户会专注于弹幕，分享和互动成为加强用户体验的重要环节。尤其是弹幕中的 UGC 反而成为用户感兴趣的内容，这为视频本身增加了趣味性。消费者还用跟帖的方式，表达自我的世界观和立场。

短视频则因为其“短”的特点，抓住了每一时段对内容有不同需求的消费者的心，成为内容消费的载体。这也是当下众多品牌商选择短视频营销作为新营销阵地的原因之一。

第四节　核心优势助推短视频成为全新营销方式

2018 年，短视频的发展速度令人震惊，成为人们休闲、娱乐甚至盈利的重要工具，也因此成为了一种全新的网络营销方式。营销的根本目的就是根据市场需求为消费者打造能够满足其需求的产品和服务，短视频营销除了可以满足这些需求外，还具有其他营销方式所不具备的核心优势。

一、成本低：花小钱，办大事

人们常说：“投入才有产出。”的确，在商界，品牌做营销更是如此。

开展营销活动实际上就是投入资金对品牌和产品进行大力宣传，以达到盈利的目的。有哪个品牌商希望通过烧钱的方式来换取盈利呢？这种做法显然是下下策。

低成本换来高回报，是人人都希冀的。品牌商也不例外。能够最大限度地降低投入成本，换来源源不断的利润，这才是最为理想的营销方法。

短视频营销无疑就是一种最佳的形式，无论身处何种领域的品牌商，都能够通过短视频的传播方式来达到营销的目的，而且这种营销方式最大的优点就是低成本。短视频制作所花费的成本和预算，与其他营销方式相比是十分低廉的，尤其对于那些中小微企业来讲，是其提升知名度、增加盈利的福音。对于这类企业而言，能够最大程度地降低成本，最大限度地增加流量和销量，减少时间成本、人力成本，是其终极目标。换句话说，就是能“花小钱，办大事”。

那么，为什么说短视频营销的成本低呢？

1. 技能学习低成本

随着互联网、移动互联网以及智能手机的普及，人们获取信息的方式更加便捷和简单化，学习一种全新的技能也不再是难事。因此，即便是非专业人员，只要自行到网络中学习免费教学视频，能够熟练掌握录制技巧和剪辑流程，也可以录制短视频，开展短视频营销活动。

2. 平台利用低成本

当前，绝大多数短视频平台是免费的，只要注册之后加以合理利用，同样能够达到低成本开展营销活动的目的。

3. 内容运营低成本

短视频营销的重点是内容的构建。品牌方如果想要保持与用户之间的长效互动，就需要在相应的短视频平台上开通品牌官方账号，并保证有持续的内容输出。这样品牌商开展营销活动，才能在社交媒体领域开辟出有效的营销阵地，用户除了单方面接受品牌信息并通过点赞、评论、转发等形式来表达自我之外，还可以通过相关短视频内容与品牌方保持互动。显然，这种基于内容的生产方式成本较低，是无须像其他营销方式一样进行后续资金投入的，却能够通过互动增加粉丝数量。

总而言之，短视频营销这种“花小钱，办大事”的营销方式，对于广大企业，尤其是中小微企业降低营销成本来讲，发挥了不可替代的作用。

二、传播快：裂变传播，快速聚集人气

短视频很好地迎合了当下消费者的消费需求，也满足了当下社会发展的快节奏，人们可以不受空间的约束，在任何时候都能观看，这是非常契合现代人的精神需求的。

有专业机构提供的研究数据显示：“中国在未来的4年后，广告规模将达到6000亿元，是现在的10倍，短视频的贡献率会从目前的13%攀升至63%，在所有渠道中增长最快。”

这一数据表明，在未来，短视频营销将占去整个网络营销领域的大半壁江山。事实上，任何形式的网络营销，其最主要的目的就是最大限度地获取流量。在当前，流量越来越珍贵，而短视频却能在传播的过程中以较低的成本，快速聚集人气、获取流量。

然而，这种传播方式往往具有裂变式特点。就好比是原子弹由于核裂变释放出来的巨大能量，而且这种能量能短时间内波及很大的范围，使大范围内的人受到影响。这就是裂变传播的特点，也是短视频的传播特点。一条短视频在发布出去之后，就能够使大范围内的人在短时间内快速受到影响。这足见短视频的传播能力有多大、聚集人气的速度有

多快。

举个最典型的例子。2014年异常火爆的“冰桶挑战”想必至今人们都记忆犹新。相关短视频一经发布，短时间内就吸引了无数人转发，传播速度跟火箭一样噌噌往上蹿。在短短几天的时间里就家喻户晓，到最后，就连明星金城武都出来参加冰桶挑战。

通常而言，决定短视频是否能够快速传播的途径主要有两条：

1. 打造精彩纷呈的短视频内容

包含精彩内容的短视频更容易激发广大用户的兴趣，并引起其主动分享和传播，这样就很容易实现裂变式传播，达到有效聚集人气的目的。

2. 与社交平台合作快速实现裂变传播

短视频平台还与微博这类本身就是巨大流量池的社交平台牵手合作，可以将精彩内容通过这样的社交平台发布出来，从而将社交平台上的流量最大限度地进行分享，将短视频内容的传播实现现象级口碑传播。

目前，通过短视频进行营销的效果已经远远超过传统媒体，其传播速度往往比传统媒体更加快速有效，再加上那些“脑洞大开”的营销手段，让品牌传播、品牌曝光的速度迅速飙升。

三、流量多：最大程度地扩大品牌覆盖面

当前，品牌间的竞争越来越激烈，谁拥有庞大的流量，谁就占有了市场。然而，随着产品同质化的日趋严重，品牌间的竞争也成为流量分食之战。在这种“僧多粥少”的现状下，流量成为了最贵、最稀缺的资源。

短视频营销则可以为品牌商很好地解决这个流量争夺的问题。原因是能够实现多次引流，层层推进，获得越来越多的流量，进而最大限度地扩

大品牌覆盖面（图 1–2）。

1. 即食性内容第一次引流

短视频营销是基于碎片化消费需求而诞生的营销方式，用具有“即食性”的内容来吸引广大用户打发碎片化时间，实现了第一次引流。

2. 精彩内容第二次引流

如果短视频内容打造的足够精彩，就能吸引那些专注于内容消费人群的关注，从而实现第二次引流。

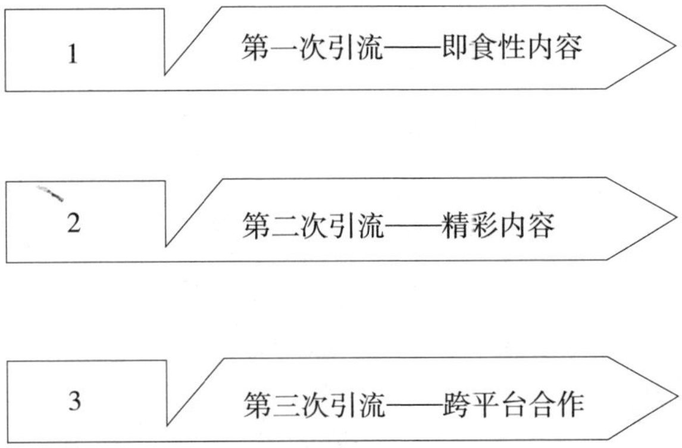

图 1–2　短视频营销多次引流

3. 跨平台合作第三次引流

多一个渠道，就多一份宣传。短视频平台还与 QQ、微信、微博这样的社交平台合作，如果用户发现自己感兴趣的短视频内容，可以通过这些社交平台将其推荐和转发给自己的好友，与大家一起分享。这样就很好地实现了二次传播，甚至是三次传播、多次传播。几经辗转之后，基于社交平台上越来越多的人就会看到这则短视频，使社交平台上越来越多的流量转化为短视频中品牌的流量，实现了第三次无限次引流。

总之，流量是短视频变现的基础，决定着互动的强弱、粉丝的留存。流量的多寡决定了短视频内容价值的大小，更是品牌短视频营销成败的关键。最大限度地引流，是当下品牌短视频营销的重点。

四、效果好：品牌营销效果显著

短视频之所以成为品牌商们争相抢夺的营销阵地，是因为短视频较以往的图文广告、语音播报等形式相比，一方面，短视频能够更加直观地传送到受众面前，满足其表达、沟通的需求，因此而赢得广大用户的青睐；另一方面，短视频可以为品牌商们带来更多的实惠和利润，取得更加显著的营销效果。

具体而言，短视频具有以下几个特点：

1. 生产流程简单化

短视频制作其实十分简单，只要一部手机就能够完成拍摄、制作、上传和分享等一系列操作。短视频中，其他功能如添加滤镜、特效功能，也都是十分简单的，用户一学就会。

2. 内容丰富，具有观赏性

短视频所传达的内容更加直观，表现形式也更加丰富，这样的内容更具有观赏性，更能吸引用户。

3. 符合快餐化的生活需求

短视频通常时长控制在 5 分钟之内。而当前，人们生活在一个快节奏的时代，没有更长的时间去专注于同一件事物。短视频利用简短的 5 分钟时间，让用户更加直观地从内容中快速获得其需要的信息，能主动吸引用户的注意力，满足其“快餐化”的生活需求，从而实现在最短的时间内收获最大的商业价值。

4. 内容更具社交属性

短视频并不是长视频的缩短和简化，而是基于社交属性的一种信息传递方式。用户将有价值、有内涵的短视频内容上传到短视频平台，吸引广大用户的关注、分享和转发，进而在社交的过程中完成了品牌价值和理念的传播，为用户打造了一个极好的传播通道。

综上所述，短视频营销简单易操作，能够很好地吸引用户，从而帮助品牌商在最短时间内收获最大的商业价值，实现品牌价值和理念的快速传播。显然，这些都为品牌商借助短视频平台开展营销活动创造了绝佳条件，更重要的是能够为品牌商带来极佳的营销效果。

五、互动性强：强互动才能建立强关系

对于新鲜、新奇的事物，大多数人会感到好奇，能激起他们的猎奇心理。所以对于一些新鲜、奇特的事物，大多数人是愿意去接近，甚至是敢于大胆尝试去模仿的。

对于品牌商而言，要想借助短视频引流，打造新、奇、特的内容是其开展营销活动的第一步。而这样的内容恰好是用户们所感兴趣的内容，是能够吸引他们引发评论、进行有效模仿的内容，而他们的评论和模仿行为就是一种互动行为。

对于品牌商而言，用户能够敞开心扉大胆表达自己的意见和建议，能够与发布者之间进行问答交流，本身就是一种沟通式互动。

可以说，评论、讨论得越激烈，参与模仿的人越多，用户越是能大胆敞开心扉与发布者进行交流，则说明短视频营销的互动性越强。而互动性越强，品牌与用户之间建立的关系就越密切，从而使品牌商的营销效果实现有效提升。

抖音上“@博巴知识星球”（图 1–3）主要是借助抖音平台向广大用户传播一些人们生活中经常会遇到的问题，却很少有人知道原因。一条“人为什么会晕车”的短视频上传之后，短时间内就吸引了 3214 人在评论

区参与评论和讨论，有效提升了发布者与用户之间的互动性。同时，这条短视频内容本身与人们的生活息息相关，很多人在外出坐车的时候有过晕车的经历。这样的短视频内容能使用户产生情感共鸣，并且能让用户以最直观的方式了解到解决问题的方法，这种问题解答方式在潜移默化中就与用户建立起了一种强关系。

图 1-3　博巴知识星球

六、表达力强：情感共鸣直达用户

品牌商开展营销活动的目的就是留住用户。在短视频时代，只有精彩的内容才能留住用户，所以内容营销是品牌借助短视频开展营销活动的重要途径。

根据目前网络营销的现状，内容营销显然是非常低成本的品牌推广方式。如果是高质量的内容，用户往往会主动传播，只要内容中合理地嵌入了自己的品牌和产品，就能达到四两拨千斤的营销效果。

高质量的内容关键还是靠短视频的画面来体现、传播和表达。短视频内容中所蕴含的情感和角色能够直达用户内心，打动用户，这样用户则愿意与品牌之间建立起牢固的情感关系，成为品牌的忠实粉丝。

当这种由内容而引发的情感营销成为一种营销趋势时，与传统的营销方式相比，短视频营销的优势则凸显了出来。比起以往的图文、语音、长视频，短视频则更加具有三维立体性，因为它结合了图像、文字、声音、动画的优点，让用户在观看的过程中，能够真真切切地感受到品牌宣传向外传递的一种与自己内心的情感极为吻合的共鸣点。可见，短视频营销是一种更具表达力的全新的营销方式。

七、针对性强：精准引爆年轻人市场

短视频凭借其篇幅小、速度快、内容直观的特点，充分迎合了当前绝大多数受众的心理，成为当前新闻传播与内容传播的重要“网红产品”。对于短视频营销，则因为其在营销过程中，体现出极强的针对性，能够精准引爆年轻人市场，迎合了当下品牌商的推广需求，从而成为当下最为流行的营销方式。

那么短视频是如何实现精准营销、引爆年轻人市场的呢？

一方面，短视频能够将品牌信息传递给更适合的人。

在当前的网络营销活动中，人人都在想方设法降低成本，而短视频则成为几近零成本的营销手段。但这并不是品牌商们选择其开展营销活动的重点，重点是其是否更适合自己的品牌宣传。

短视频的内容往往是在充分了解和定向挖掘受众需求之后而进行定制的。换句话说，短视频内容完全是根据受众的需求以及惯用的语言表达方式而生产出来的。

当下，“90 后”“95 后”这样的年轻人是整个消费市场中的主力军，他们天生具有个性化的性格，喜欢表达自我内心的情绪和态度，喜欢用时尚、前卫的语言表达方式，这些是他们与生俱来的、代表年轻化的特点。

品牌商要想抓住这支主力军，就要想办法迎合其需求和特点。短视频则恰如其分地充当了这个角色。

自 2018 年以来，互联网越来越趋于年轻化，短视频用户中，24~30 岁的人群占比增长趋势最为显著。

显然，短视频能够非常精准地切入年轻人消费市场，能够将品牌宣传和推广直接推入消费主力军内部，有效实现精准营销。

另一方面，短视频平台还设置了搜索功能，方便用户快速找到所需内容。

短视频平台上还设置了搜索功能，其中包括：

①在搜索栏进行关键词搜索。

②查看、关注作者动态。

③平台热门内容。

④平台推荐内容。

以抖音为例，抖音的热搜功能中涵盖了“热点榜”“明星榜”“品牌热DOU榜”“好物榜”四大模块（图 1–4），以供用户搜索和查找自己感兴趣的内容。

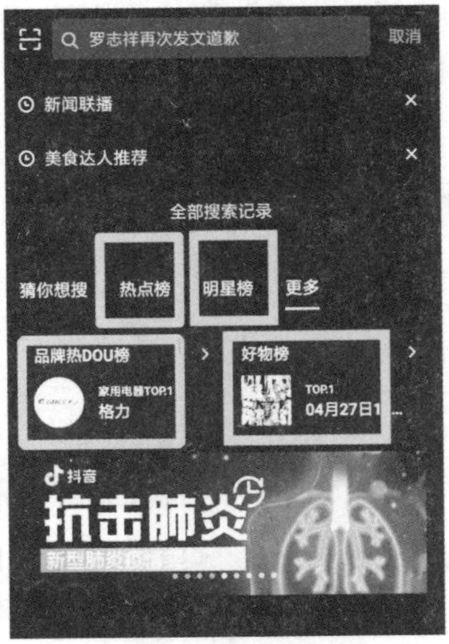

图 1–4　抖音热搜

这一功能能够让短视频平台的热门模块和推荐模块更加高效地分发视频；让平台视频获得更多的曝光率；让用户更多地通过热门模块和推荐模块快速、高效地找到自己喜欢的视频。这样，用户主动寻找喜欢的短视频，主动发现自己喜欢和感兴趣的产品，主动去购买产品，比以往品牌商四处撒网寻找消费者的方式更加精准、更加高效。

八、社交性强：新人类的社交名片

短视频只有内容制作精美、创意十足，才能吸引广大用户观看，并使用户为短视频点赞。内容越精彩、越有创意，点赞量才会越高，同时越能激发用户进入评论区发起自主讨论。而这一点体现的正是短视频的社交性，且与社交媒体的一些典型的特征有着极高的相似度。

在评论区，无论是用户与用户之间，还是用户与作者之间的评论、问答，都是很好的互动方式和社交方式。通过评论、问答，不同的用户可以很好地表达出自己不同的态度和价值观，还可以相互交流彼此之间的情感和认同点。

有人甚至将短视频的评论区比喻为“短视频的灵魂”。因为在这里可以看到十分精彩的交流和评论，语言幽默诙谐、精华荟萃，在评论区用户形成了一个独特的社区氛围。他们在评论区可以“抖机灵”“抖才华”“抖笑点”，用不同的方式展现自我个性、与众不同的一面。

举个例子：在快手上有一段关于“正宗拉面制作的简单手法”的短视频教程，这样的内容原本十分普通，没什么特别之处。但评论区中却出现了一位“才子”来“抖才华”，这让用户围观和评论的兴致和热情一下子高涨起来。

显然，短视频评论区是当下年轻化受众最潮流的社交方式，也是当下新人类的全新社交名片。

第二章
思维先行：
用核心思维加速推进营销变现

当下，短视频层出不穷，然而对于品牌商而言，要想让自己的品牌宣传借助短视频内容脱颖而出，关键还在于短视频制作思维。所谓“思维先行，行动居后”，只有强效思维做引导，才能让短视频营销事半功倍、水到渠成。构建核心思维，是加速推动短视频营销变现的关键。

第一节　三真思维：内容源于生活

俗话说："艺术源于生活，且高于生活。"对于长视频而言，的确如此。如果没有作家基于生活灵感的写作，没有导演基于生活原型的创作，我们就永远看不到有血有肉、惊艳脱俗的画面。

然而，对于短视频而言，人人都可以成为内容的编辑和导演，人人都可以制作。更重要的是，短视频并不像长视频那样可以看作一种艺术，而它是生活本身。换句话说，短视频就是用来记录生活，并向人们展示生活中的点点滴滴的。所以，短视频的一个重要特点就是"源于更加真实的生活"。基于这一点，品牌商在借助短视频开展营销活动进行变现的过程中，一定要围绕"三真思维"来进行。

一、真人，更容易拉近与用户间的距离

在进行短视频营销的过程中，如何让用户在不知不觉中通过短视频内容走进你的营销套路当中？关键一点就是展现真实的人物形象。因为真实的人物形象更容易拉近用户与品牌商之间的距离，从而让用户因为喜欢短视频中的真实人物形象而爱上品牌，并为品牌埋单。

那么如何才能为短视频打造真实的 IP 人物形象呢？

1. 了解基于真实 IP 人物的短视频剧本营销

基于真实 IP 人物的短视频剧本营销，实际上就是通过短视频的方式，

向广大用户长期发布如吃饭、自拍、工作、旅游、人生感悟等真实常规的生活内容，并通过设计融入与品牌有关的销售动机剧情，精心计划戏剧冲突策略，通过这样的方式来拉近短视频用户与品牌商之间的距离，并将其有效地转化为品牌的粉丝，取得粉丝的信任，再进一步顺水推舟地推出相关的产品，实现真正的短视频营销变现。

2. 借助真实 IP 人物做短视频剧本营销的方法

打造真实的 IP 人物，主要是为了用更加真实的、围绕人物的剧情作为故事素材，用短视频的方式来确保剧情的不断发展。同时，还要在剧情中融入品牌或产品，以达到品牌营销的目的。具体操作步骤如下：

第一步：寻找 IP 人物原型。

在寻找 IP 人物原型的时候，可以与演员或网红，或者有真实经历的名人签约。

第二步：IP 人物塑造。

在前期一定要投入巨大的耐心，连续半个月都要为签约人打造基于真实生活的短视频内容，并且一定要真实，让粉丝真切地感觉到其亲切、可信，如生活小技巧、家庭烹饪、生活搞笑日常等。

第三步：定制相关内容。

当聚集了大量粉丝之后，就可以为签约人制订与品牌相关的短视频内容，让粉丝因为对 IP 人物的喜爱而爱上品牌。

这样，步步为营，用与生活中息息相关的内容吸引用户的眼球，为用户实实在在解决生活中的难题和困惑，最终使广大用户从路过变为看客，从看客变为粉丝，从粉丝变为流量，由流量带来销量。

二、真事，品牌的真我展现

短视频营销实际上就是借助短视频平台为观众讲述品牌故事。然而，真实的品牌故事才能打动人心，让人从内心迸发出情感火花。因为，一个故事中融入一份真挚的情感，总会让人或扼腕叹息或拍手叫好，这样的情感共鸣，是品牌短视频营销的一种有效手段。

以抖音平台上的“@等你懂我WAIT”为例。通常，短视频内容往往选择以搞笑、萌宠、游戏、教程等内容为主，而“@等你懂我WAIT”则另辟蹊径，选择以一系列都市爱情故事为主的情感短剧来深入观众内心。在短时间内，“@等你懂我WAIT”就凭借动人、暖心的真实情景剧打动了数千万网友，以全网过亿的播放量获得了惊人的好成绩。自2107年年底上线至2019年3月4日，“@等你懂我WAIT”共发布了101个作品，视频总播放量超过1.3亿次，单期视频最高播放量达到1300万次，点赞人数达到了1058.2万次，粉丝数量达到了249.9万。这样的成绩实在令人惊叹。

“@等你懂我WAIT”以真实的故事、凭借真实爱情状态中的人物情感，在短时间内就能完美呈现且真切地触碰人们的心弦。正因如此，网友们在观看后会被故事情节所打动。事实证明，“@等你懂我WAIT”的成功，在于这些“扎心”的情感故事使有同样情感经历的网友产生了情感共鸣，得到了他们的支持和认可。

当然，“@等你懂我WAIT”并没有进行流量变现，但“@等你懂我WAIT”作为真实故事展现、真实情感表达的典型案例，其聚集流量的能力是不可否认的。有流量才有销量，流量是变现的重要环节。所以，品牌商进行短视频营销时，一定要注重视频中品牌故事的真实性，用真情流露展现品牌自我，才能从根本上打动广大短视频用户，让品牌传达的情感深入人心。

三、真情，比吹嘘更有说服力

在生活中，每个人都可以成为生活的导演，准确地说，人人都可以通过网络视频表达自己的生活化气质。而这种生活化气质往往是需要通过真实情感表达出来的，否则很难给人源于生活的感觉。

事实上，对于绝大多数的短视频用户来讲，观看短视频就像是看一部电影一样，有真情实感的内容才能触达观众心底，让其情感泛起涟漪，被故事所感动。而那些空洞、缺乏现实感和真情的内容，往往给人一种虚假的感觉，使人看完即忘。

所以，品牌短视频营销，一定要注重短视频内容中真实情感的打造，因为真实情感比吹嘘更有说服力，更能打动用户的心。其原因有以下两方面：

一方面，短视频营销成为品牌商用来与用户之间维系情感的活动。看似“随手拍”的日常生活内容，其重点却并不在于此，而在于通过情感交流让品牌根植于用户心中。借助短视频平台的便捷性，将饱含真实情感、极为直观的内容，直接传递给用户。可以说，品牌商借用这种方式传递的不仅仅是品牌信息，更重要的是消除了与用户之间的时空距离，创造了一个新的生活化的“共处”情景。

另一方面，在短视频中，时刻透露出人们生活中的真实行为和情感，为那些习惯于用 PC 端、移动智能设备等，以各种方式主动使用并消费视频内容的用户，提供了很好的满足情感需求的平台。

所以，真实情感是吸引用户，更是保证用户存留的关键。只有聚合用户的需求，才能为品牌营销带来可能性，而那些吹嘘的内容是无法做到的。

第二节　三维思维：以人为核心进行创作

品牌短视频营销，其目的就是通过短视频内容吸引流量，并最终实现流量的变现。在整个环节中，流量是关键。然而流量即人流的量。所以，品牌短视频营销，其关键点还是在于“人”。短视频的内容创作只有以人为核心，才能为短视频注入更加能够满足用户需求的内容，让用户在满足情感需求之余，也会在不知不觉中恋上品牌。

“三维思维”即生命力、影响力、传播力，是以人为核心打造短视频内容的三个重要维度。生命力是短视频内容的长久度，可以从创造性、想象力方面提升；影响力是广度，是指用一种别人乐于接受的方式，改变他人思想和行动的能力；传播力是爆款度，你的视频内容燃爆力度有多强，视频的传播能力就有多强。

一、生命力，让短视频内容蕴含无限价值

品牌商打造的短视频选题能否保证稳定地持续下去，这是品牌营销的关键。因为只有制作出持续、稳定的短视频，才能保证品牌中蕴含的无限价值内容能够不断输出，为品牌商赢得源源不断的流量。这样的短视频才是具有生命力的短视频。

然而，这种具有生命力的短视频应当如何打造呢？答案就在于创造性和想象力。

如果短视频在制作的过程中逐渐缺乏创新，想象力和创造力匮乏，就

不会有具有创新力和自我颠覆力的内容持续输出，那么品牌短视频营销活动的开展也就逐渐陷入疲态，好不容易在前期积累的粉丝也会因此而降低期待值，最终选择脱粉。

那么如何提升短视频的创造性和想象力呢？

1. 为用户提供趣味性的增值服务

品牌营销人性化，是任何时候都需要加以应用的。品牌借助短视频开展营销活动，实际上为品牌商提供了一个可以充分向广大用户展示品牌人格化的机会，能够帮助品牌商在众多的竞争者中脱颖而出。

但是，需要注意的是，在这个时候，可以向广大用户和粉丝传递出品牌想要表达的重点，一切以推广和宣传品牌为目的，让推广和宣传在趣味性增值服务的补充下变得更加完满。

举个例子来说，德国通用电气公司（GE）作为品牌使用的先驱者，就经常在Vine发布简单又有创意的6秒短视频，通过这种方式为民众科普科学小知识。

2. 创意众筹，鼓励粉丝产生好内容

创意众筹是产生有创造性、有想象力内容的重要渠道。正所谓“取之于民，用之于民”，粉丝产生的内容，自然能满足粉丝的需求、受粉丝的青睐。创意众筹是一种省时省力、集思广益，且能够在后续实现高效引流的有效方法。

家电巨头海尔就曾在腾讯视频上发起了一场“硬币达人短视频挑战赛”。这场挑战赛一经发布，就吸引了广大用户的积极参与。其中有一位专注于平衡的“大师”，将其4枚硬币竖立放在海尔洗衣机上，这4枚硬币纹丝不动。这段时长仅38秒的短视频，在一天的时间里就获得了数十万次的点击量。更重要的是，让这4枚硬币纹丝不动的海尔洗衣机也因其性能好而在广大网友间得到快速传播。这一次借助这位“平衡大师”之手，用其打造的内容为海尔带来了巨大的流量，使短视频因为这4枚屹立不倒的硬币，而具有了强大的生命力，也使海尔的短视频营销效果堪比100个销售员。

有流量的短视频才具有生命力，才能让品牌在营销中获利，才能让品牌在市场中经久不衰。

二、影响力，让品牌价值延续下去

短视频作为一种互联网内容传播方式越来越火爆，与传统的图文传播形式相比，短视频不仅同样具有轻量化的特点，而且信息量大、表现力强、直观性好。

人们在浏览短视频内容时，可以对自己感兴趣的内容通过弹幕、评论、分享的方式进行社交互动，从而使短视频具有病毒传播的能力。短视频的这种超强传播能力可以为短视频提升影响力，进而提升品牌在大众当中的影响力。可以说，强大的影响力是品牌价值可以延续下去的推动力。

评估短视频影响力的大小，可以通过点赞量、评论量、转发量、关注度、主页点击量、相关视频查看量、话题点击量等指标来衡量。这些衡量指标的数值越大，则证明短视频的影响力越强。具体而言，如何衡量短视频的影响力呢?

1. 播放量

提升播放量是提升短视频影响力的一个重要途径。因为提升播放量，就可以覆盖更多的人群，让更多的人被短视频影响到。而播放量的提升又可以通过将短视频覆盖更多的渠道来实现，覆盖渠道越多，播放量则越多，随之而产生的影响力也越大。

2. 初始推荐量

推荐平台会通过平台指数，即账号的表现，再结合标题描述的内容覆盖人群进行第一步推荐。在进行初始推荐的时候，还没有参考互动的指标，此时决定其基数的实际上是内容覆盖的人群。这个初始推荐量是评估内容热门度的一个重要指标。初始推荐量只能在发布后的一两个小时进行持续观察，并且是一个大概的评估量，并不能达到一定的精准度。

3. 互动量

互动量实际上是衡量内容对观众的引导能力，这其中包括了评论量、转发量、收藏量等。

4. 粉丝量

全渠道累积粉丝量以及单个渠道的累积粉丝量是评估短视频影响力的一个重要的数据指标。

总之，不能单一地从短视频的播放量来衡量短视频播放之后的影响力的大小，还应当从初始推荐量、互动量、粉丝量三个方面进行多方考量，这样获得的综合性评比，才更有参考价值。

三、传播力，让短视频营销能力最大化

短视频行业异军突起，成为广大用户内容消费的一个重要领域。但随着行业竞争的加剧，再加上越来越多的品牌商看中了短视频平台的潜在营销价值，使传播品牌价值成为了短视频的一个重要的功能。

短视频作为一种媒介，重构了信息的传播方式，还重构了品牌营销方式。传播走心成为当下品牌短视频营销的核心方向。而生活化、人性化、社交化成为提升短视频传播力的重要方向。

1. 生活化

短视频与长视频相比，是一种短小精悍的表达方式，并且其内容嵌入日常生活的传播场景，使短视频能够更好地为品牌传播价值理念。而这种基于日常生活议题的传播价值体现在两个方面：

一方面，日常生活与人们的切身利益关系最为密切，因此能够获得用户更高的关注度。另一方面，具有正能量、真善美、核心价值观的内容，通过日常生活展现才更能迎合用户的需求。

2. 人性化

短视频在内容、表现形式方面，往往更能体现出打动人心的一面，用人情味打动用户、引爆点击量。在传统媒体时代，常见的报纸、电视广告形式所呈现出来的内容虽然比较宏大，但却缺乏“人性化”的东西，所以很难真正打动人心。

之前有一则名为“上海街头惊现‘免费冰柜’，路人的反应暖哭了”的短视频，在网络平台上广泛传播。在视频中，有这样几个细节：年轻的妈妈看到冰柜，想为孩子买支冷饮，但看到冰柜上方张贴的海报上写着“环卫工人、快递小哥、送餐小哥、交警免费取”时，就带着孩子去隔壁商店购买；送餐小哥了解到这里有饮用水可以提供，陆续过去拿，但每人只拿一瓶，或者多拿一瓶带给他的同伴；有一位头发花白的大爷，在路过这个“免费冰柜”时，看了看冰柜上方的海报，反而从自己的手提袋里掏出一个苹果放入了冰柜……

这则短视频中，每个感人的细节构成了整个场景内容，充满了正能量，让广大观众内心产生共鸣。

其实，“免费冰柜”是菜鸟网络联合快递公司，包括中通快递、百世快递、韵达快递、圆通速递、高德地图等，共同发起的“城市超人”关怀计划。该计划的主要目的是为那些奔跑在路上的快递员、环卫工人、交警和外卖员提供降温补给。

菜鸟网络和其他快递公司以及高德地图通过做公益，并借助这则凸显人性化的短视频，在广大民众中树立了良好的形象，也间接地为其自身做了一次很好的宣传。

3. 社交化

当前是社交媒体时代，社交已经成为众多媒介的重要特质。分享已经成为短视频扩大传播力和影响力的必要途径。

短视频的社交化之路主要有两条：一是依托社交平台来拍摄短视频内容；二是找准人们当前关心的话题，并以此为内容制作短视频，从而使人们自发地在社交平台上转发和传播。

总之，有传播力的短视频才具备强大的宣传力，才能让品牌短视频营销能力实现最大化。

第三节　社交思维：有交集，才能有黏度、有转化

随着移动智能终端的高度普及和升级，手机已经成为了人们的标配。再加上短视频的火爆，使短视频已经成为当前年轻人利用休闲时间进行社交的一种方式。

一方面，短视频本身有评论区。在这里短视频用户可以各抒己见，表达自己的态度和人生观，用户与用户之间、用户与作者之间在评论或问答的过程中，通过互动的方式构建了人与人之间的社交关系。

另一方面，微信和微博两大社交平台成为了短视频的传播链。用户如果发现有自己感兴趣的短视频，就会转发到微博里，或者分享给自己的微

信好友、朋友圈。这也正是短视频在社交平台上走红的原因。

由此，我们也可以从中发现，短视频江湖的完整路径就是“优质内容+社交流量”。因此，社交思维是品牌借助短视频取得理想营销效果的不可或缺的思维方式。有社交才有交集，有交集才有黏度、有高转化率。

分享和互动是短视频营销常用的两种社交方式。

一、分享，为社交插上翅膀

短视频营销的核心在于分享，分享可以扩大品牌宣传覆盖面，并由此增加流量和销量。所以在运用社交思维开展短视频营销活动时，一定要注重用户分享。

事实上，品牌短视频营销的爆发力就在于分享和转发，这样就会有更多的用户注意到品牌。如果每一个人都转发了一次就相当于有人帮忙将短视频又转播了一次。每一位用户本身都是潜在消费者，而当其将自己感兴趣的内容分享给自己的好友时，又成为了品牌营销的传播者。在分享的过程中，短视频用户不但消费短视频内容、为品牌商带来利润，还在二次传播的过程中为品牌商创造了财富。

所以，在短视频营销中，用户为品牌聚集了庞大的流量，同时也打破了原有营销模式下非常清晰的消费者和营销者之间的界限，使两者之间的界限变得越来越模糊。

用户分享，从表面上来看是用户将其喜欢的短视频内容分享给自己的好友或与自己有同样兴趣爱好的人，然则从本质上来看是原来的消费者通过分享将自己升级为消费商。但这种分享并不是随意、随性的分享，而是通过对社交关系资源整合后进行的流量聚集。分享有价值的短视频内容，为短视频的社交功能插上腾飞的翅膀，能够达到一石激起千层浪的效果，为品牌营销带来意想不到的流量和销量。具体体现在以下两个方面：

1. 通过分享加强品牌记忆

心理学中有一个叫作“七次定律”的概念，指的是一个人要形成一个长期记忆需要重复 7 次，才可以增强品牌记忆。这个定律在社交网络中同样存在。因此，在进行短视频营销的过程中，必须要经过多次、多个人、多个节点的重复转发和分享，才能达到理想的营销效果。

要想短视频用户对品牌从认识到熟悉，再到成为品牌用户，就需要通过不同用户多次分享，在网络上形成纵横交错的传播网，从而帮助用户形成重复的印象。

2. 用分享引爆传播

每一个短视频平台都有“分享”按钮，可以将短视频分享到微信、微博、QQ 空间等。分享的需求在进一步呈现，这些按钮也为品牌短视频营销的传播需求而生。因此，基于社交的分享可以为品牌短视频营销引爆传播。

二、互动，增进品牌与用户的社交关系

人与人之间社交关系的建立往往离不开互动，互动是建立双方信任关系的开始，没有信任就没有买卖，更不会有好的销量。品牌短视频营销更是如此。

要知道，进行品牌短视频营销，互动是非常重要的环节。评论区往往是短视频重要的互动区。有效的互动能增进品牌与用户的社交关系，并能因此而使短视频用户有效转化为品牌粉丝，为品牌带来更多的流量。

那么如何才能形成有效的互动呢？

1. 学会倾听

品牌商并不是将精心打造的短视频内容分发出去就万事大吉了，短视频分发仅是开启营销大门迈出的第一步。要想知道短视频内容的成效如

何，还需要在评论区大干一番。而学会倾听，是关键的一步。

倾听用户的评论内容，可以得知用户对内容的喜爱和关注度。所以，短视频作者在与用户评论互动的时候不要人云亦云，而是要先看完别人的观点内容后，再进行必要的归纳和总结，然后再来做评述或回答用户问题。

2. 语言不要太严肃

在进行互动评论的时候，语言不要过于正式或官方化，相反，要口语化或者有点小幽默，能展示自己的才华、才情、聪慧的评论才更能吸引用户的评论互动。因为绝大多数用户来观看短视频，目的就是来打发时间和娱乐的，太严肃的话没人会与你互动。娱乐性往往是吸引人参与互动的第一要素。

3. 重点关注最活跃的人

在评论中经常会发现一些活跃分子，他们会有自己的观点，也会对别人的评论进行评论，这些人就像是整个评论区的一条线，将其他评论串联起来。所以，这个活跃分子是不可多得的互动者，能给你带来活跃量。要在每一个时间段去寻找这一类型的人，找到之后要有针对性地与其进行互动，这样可以有效地为品牌带来更多的流量。

4. 不断付出

要想得到，就必须先付出。在评论区，经常有用户提问，并主动说出自己的诉求。这时候，要抓住他们的问题和诉求，为他们答疑解惑。当用户在互动中学习了更多的知识、解决了自己的痛点问题，在互动中觉得你人品没问题、服务没问题的时候，自然会对你产生信赖，自然会购买你的产品并为你推广产品，成为你的第一批支持者；或者即使对方没有购买，也会主动转发短视频替你传播。

美国管理学大师彼得·德鲁克说过："一旦你向前迈了一步，你的行动能否取得预想的效果，取决于你通过语言或文字与他人交流的能力。"所以，互动可以增进品牌与用户的社交关系，可以帮助品牌达到预想的营销效果。

第三章
精准定位：实现低成本精准营销

时代在前进，营销理论和实践也在随之变化。传统的营销模式在当前的市场经济中局限性尽显，而精准营销则将品牌营销推向了一个新高度。尤其在当前短视频火爆之际，品牌要想借助短视频实现精准营销，首先就需要进行精准定位。因为有精准定位才有精准用户，才能以最低的成本实现精准营销，即实现精准定位细分市场、精准满足客户需求、精准打击竞争对手。这样才能将精准营销做到极致。

第一节　用户定位：细分人群，快速圈定用户

有用户的地方才有市场。所以品牌商想要借助短视频为自己的品牌打开市场，首先就要将目光集中在用户上。做好用户定位，就是品牌商通过对短视频用户进行统计和分析，找到与品牌产品更加契合的用户，然后将清晰的视频内容，投放给这些用户。用短视频来快速圈定用户，品牌才有足够的竞争力。

一、用户画像：读懂用户的必经之路

品牌短视频营销的最终对象是谁？制作短视频内容的最终受众是谁？问题的答案就是“目标客户群”。

在短视频领域，用户基础庞大，如何才能确定目标客户群是关键，这就需要品牌商有针对性地对所有短视频用户进行初步判断和确认，读懂用户的真实需求。而做到这一点的必经之路就是进行用户画像。

用户画像就是将用户的属性、行为、期待等用简单的、更为贴近生活的话语勾勒出来。用户画像看似是一种用户特征的虚拟化，但实际上是根据产品和市场而构建出来的受众群体或目标群体。

通过对目标用户群体进行特征的追踪与画像，帮助品牌商更好地分析短视频用户在某个时间段、某个特定区域内的内容消费特征和习惯，最后让品牌商形成一种根据用户特性而打造的有关品牌宣传的专属短视频内容。也正是这一点才使品牌商在数字化时代利用数据分析技术更好地提升

用户的短视频观看体验，使短视频营销更加精细化、精准化。

然而，很多时候品牌商往往期望目标用户能涵盖所有人，不但老少皆宜，而且“专家”“小白”皆爱，其实这样的短视频反而很难为品牌商带来更多的盈利。因为当目标群的基数越大时，这个目标群的标准就越低。打个简单的比方，如果一件产品适合每一个人，那么其实它是为最低的标准服务的，这样的产品要么毫无特色，要么过于简陋。短视频营销中的用户定位也是如此。品牌短视频营销过程中，对进行用户画像可以使短视频的受众对象更加聚焦、更加专注。

根据《2019 年短视频内容营销趋势白皮书》中给出的数据显示：

目前短视频用户数已经达到 5.08 亿，占国内网民总数的 46%，这意味着将近每两个互联网用户中就有 1 个人在使用短视频。

从短视频用户的性别比例来看，男女比例为 48 ∶ 52，短视频用户中女性所占比例较大。

从短视频用户的地域分布来看，短视频用户也已经向三四线城市深度下沉，三线及以下城市中用户占比为 52%。

从短视频用户的年龄结构来看，短视频用户整体偏年轻化，24 岁以上的用户占比 51%，超过所有短视频用户的一半，青年引领着短视频内容消费时尚。

那么对于品牌商而言，如何进行短视频用户画像呢？其步骤如下（图 3–1）：

第一步：获取构成用户画像的基础数据。

这些数据主要包括以下部分：

①网络行为数据，包括活跃人数、访问和 / 或启动次数、视频浏览量、访问时间长短、激活率、渗透率等数据。

②短视频平台行为数据，包括唯一页面浏览次数、页面停留时间、直接跳出访问次数、访问深度、进入或离开页面、浏览路径、评论次数与内容等数据。

③用户内容偏好数据，包括使用短视频 App 或者登录短视频网站的时间或频次、浏览或点赞内容、关注内容、评论内容、互动内容、转发内容、用户观看短视频偏好（如标题、风格、封面、喜欢的音乐等）、用户产品偏好、用户地理位置等数据。

④用户交易数据，包括贡献率、连带率、回访率、流失率、转发率、转化率等数据。

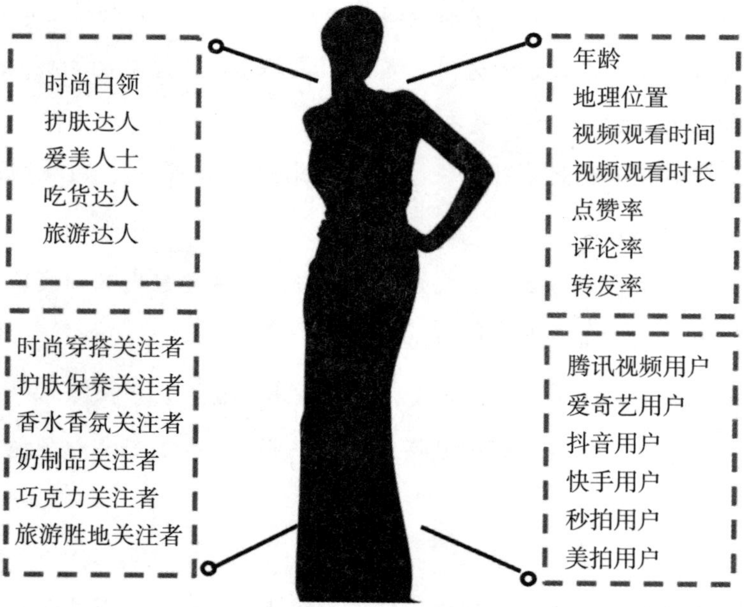

图 3–1　用户画像

第二步：对数据源进行分类。

构建用户画像的目的就是还原短视频用户信息，对用户的相关数据进行分类，主要利用封闭式分类的方法。例如，按照用户价值对用户进行分类，分为高价值用户、中等价值用户、低价值用户，所有的子分类都构成了全部用户的一个大集合。

这样对短视频用户进行细分，可以在后期帮助品牌商对当前信息遗漏等进行更迭和补充，并且不用担心在结构上是否将所有的分类层次都考虑进去，因此不存在因部分遗漏而造成的隐患问题。

第三步：进行目标分析。

用户画像实际上就是给短视频用户行为打上一定的标签以及权重。标签实际上体现的是用户对某一短视频内容的兴趣、爱好、需求等；权重实际上就是某一指数，即用户的偏好指数、兴趣指数和需求度指数等，简单来讲就是用户对某一事物的主观感受程度。例如，同一个用户对不同类型的短视频的喜好程度可以表示为：娱乐类 0.2、教程类 0.5、情感类 0.3。

具体而言，对用户进行目标分析，包括以下三个方面的内容。

（1）分析用户关注的账号

了解用户关注了哪些账号、喜欢哪些账号，是品牌商研究用户内容喜好的重要途径。

一方面，如果用户关注的账号与自己是同一领域，那么运营者可以通过研究这些竞争对手，借鉴和学习其优势，并进一步突出自身的差异化，从而提升自身的品牌竞争力。

另一方面，如果用户关注的账号与自己不是同一领域，那么运营者可以主动打破壁垒，和这些账号企业进行跨界合作，给用户带来不一样的新鲜感，从而达到双赢的效果。

（2）分析用户最喜欢的视频

用户喜欢的视频类型往往对于运营者来讲具有很好的参考价值。所以，运营者要充分分析用户喜欢的视频风格、题材、标题类型、封面特点等，以此来帮助打造自身开展营销活动所需的短视频。

（3）分析用户评论最多的视频

用户评论的短视频往往是用户感兴趣的类型。如果不感兴趣，是不会有人浪费自己的宝贵时间去做评论的。因此，运营者可以根据用户评论挖掘一些创作和运营方面的思路。

第四步：用户画像建模。

利用短视频用户的标签和权重进行建模。通常建立一个用户画像模型，需要满足四个要素，即时间、地点、人物、事情。每一个短视频用户在发生一个观看行为的时候实际上都是具有偶然性和随机性的。因此，对于短视频用户的内容消费行为可以描述为：什么样的用户、在什么时间、什么地点、发生了什么事情。

①什么样的用户：实际上就是指对用户的标识，这是区分不同用户特点的最好方法。

②在什么时间：这里的时间实际上包括两个方面：一是指时间点，具体可以精确到某时某分某秒；二是指时间长度，具体可以精确到微秒。精准的时间长度记录是为了真实记录和反映用户在某一短视频上的停留时间。

③什么地点：也就是指用户的接触点。这里的接触点包括内容+短视频平台。内容包括某一短视频的内容信息，包括类别、功能属性等，并且内容决定了标签，如用户观看的短视频内容是炫技类、教程类，还是情感类、萌宠类；平台即用户浏览的某一短视频平台或者界面，平台决定了权重。

④发生了什么事：就是指用户发生了什么样的行为，如关注、点赞、转发、评论、页面跳转购买等。

基于以上这四点，可以将用户画像的建模归纳为一个公式：用户标识+时间+行为类型+接触点。这也就是用户画像建模的公式。

当用户画像模型建好之后，就可以将其应用于实际短视频营销当中，可以帮助品牌商更好地对投放短视频的平台及短视频内容类型的选择，做出更加精准的决策。

这种从用户来又回归到用户身上的用户画像，在应用于短视频营销的过程中，给品牌商带来的盈利效果是非常显著的。

二、用户运营：打破千人千面格局，实现精准运营

短视频内容消费的消费者，即短视频用户。做好短视频用户分析，是品牌商借助短视频营销实现盈利的必要步骤。短视频营销的本质就是用户思维，用户喜欢的内容、能够为品牌带来转化的内容就是好内容。只有根据用户喜好制作短视频，并在不同的运营阶段，变通运营策略，才能打破千人千面的格局，实现精准运营。

1. 用户分类

前文讲到按照价值分类，用户可以分为高价值用户、中等价值用户、低价值用户。然而，用户价值的高低完全由用户的行为表现来决定。换句话说，就是根据用户的贡献来决定。根据用户贡献的大小，可以将用户分为新用户、访问用户、回访用户、老用户、留存用户（沉默用户、流失用户）、购买用户、忠诚用户等。显然，如此多的用户分类，给人一种不系统的感觉。如果建立一定的合理体系将用户进行细分，就可以充分发挥不同类别用户的功效，进而为品牌营销带来帮助。

通常，可以根据六大指标（图 3–2），即访问用户量、新用户量、活跃用户量、转化用户量、流失用户量、回访用户量，将短视频用户分为以下六种。

（1）访问用户

访问用户即初次到短视频平台的用户，访问用户数量能够直接反映短视频平台的受欢迎程度。

（2）新用户

新用户即刚刚注册为短视频平台账户的用户。新用户的数量可以用于计算短视频的新用户比例，用来分析短视频的发展速度和推广效果。

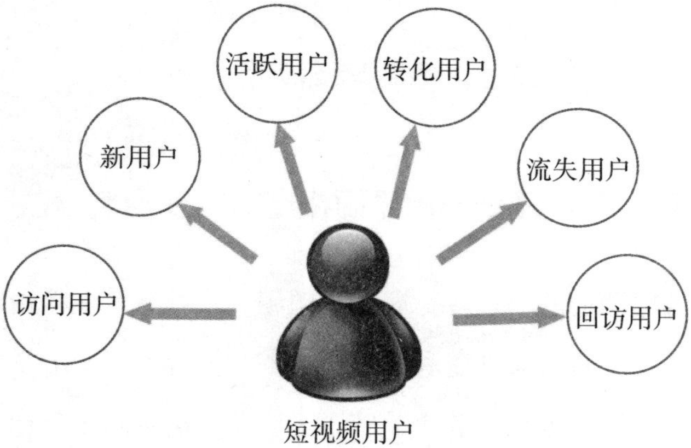

图 3-2 短视频用户分类指标

（3）活跃用户

活跃用户即经常在某短视频平台上访问以及参与互动的用户。活跃用户用于分析短视频真正掌握的用户量，因为只有真正的活跃用户才能为品牌商创造价值。

（4）转化用户

转化用户即把用户转化为最终消费者。转化用户量是衡量广告变现、内容付费或者电商盈利多少的标准。

（5）流失用户

流失用户即一段时间内未访问或未登录的用户，换言之，就是真正流失的用户、正在沉默的用户。流失用户量，可以帮助品牌商判断短视频是否能够持续吸引用户，为用户带来其想要的价值。

（6）回访用户

回访用户即之前流失，现在又重新回访的用户。回访用户量主要用于分析短视频内容挽回用户的能力。

2. 用户运营

用户运营，其核心目的就是实现拉新、留存、促活、转化。随着时间的推移，再加上短视频内容的不断更新，不同阶段的用户具有不同的特点

（图 3–3）。

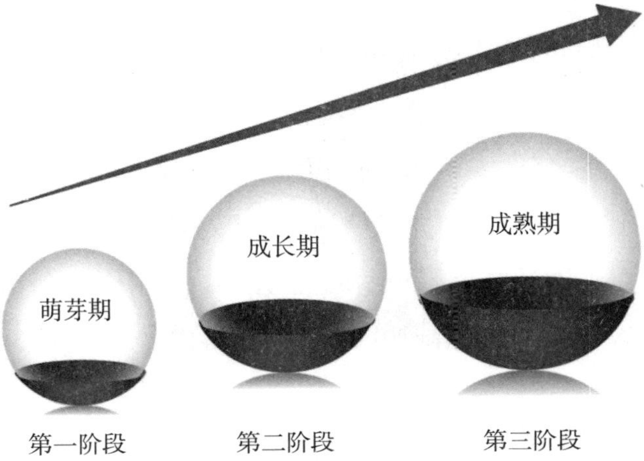

图 3–3 不同阶段用户特点

（1）第一阶段：萌芽期

短视频用户运营的第一阶段，即用户运营的萌芽期，品牌商进行用户运营的主要目的就是拉新，以此来培养第一批核心用户。

具体的拉新方法有以下几种：

①蹭热点。热点事件往往更具吸睛能力。短视频内容蹭时事热点事件，不仅可以有效减少运营成本，还能大幅提升短视频内容成为爆款的概率。尤其是短视频平台上官方推出的热搜榜、热点话题，则对萌芽期短视频内容曝光量的提升大有裨益。如果再加上一些短视频平台的算法推荐机制，就会使那些蹭热点的短视频快速聚流不再是难事。

②以老带新。以老带新就是依靠短视频的优质内容带动老用户向其微信、QQ 好友，以及朋友圈、QQ 空间、微博等进行转发，让老用户协助品牌商进行推广，使其更多的好友成为短视频的新用户，为短视频引流。

（2）第二阶段：成长期

短视频用户运营的第二阶段，即成长阶段。在这一阶段，进行用户运营的主要任务是提升用户活跃度，包括拓宽用户增长渠道、加强内容质量把控、提升用户活跃度三项任务。

①拓宽用户增长渠道。在这个阶段，拓展用户增长渠道主要有两种方法：一种是增加短视频的分发渠道，从而覆盖更多的短视频用户，提升品牌曝光率；另一种是打造短视频内容矩阵，创建多个账号，建立科学的用户增长机制，让各个账号之间的辐射作用达到最大化。

②加强内容质量把控。在成长期，短视频内容的把控是提升用户留存率的重要手段。短视频内容是否优质，直接影响着用户的关注以及点赞、评论和转发率。因此，只有源源不断地生产出好内容，才能让用户的增长率不断提升。

③提升用户活跃度。提升用户活跃度，可以增强用户黏性，为用户路转粉、粉转消费者奠定基础。

提升用户活跃度，可以从以下两个方面入手。

一方面是在短视频中设置讨论话题。提升用户活跃度还是需要从短视频内容入手，可以在短视频中设置当下热点话题。这样的内容能够激发用户参与讨论。

另一方面是在短视频内容中设置活动。在纪念日、节庆日等特殊的日子里发布一些相关活动的短视频内容，可以激发用户的参与热情，并形成二次传播，同时还能加深用户对内容的印象，或者发布一些非常有创意的活动内容，如有奖“挑战赛”等，吸引用户积极参与。

（3）第三阶段：成熟期

短视频用户运营的第三阶段，即用户运营的成熟期。用户运营的成熟期也是商业变现阶段，即将用户转化为消费者的阶段。

在这个阶段，品牌商的运营人员可以通过用户的评论、弹幕内容等进行分析，并以此判断用户对商业化行为的接受程度。

总而言之，在当前市场竞争日趋激烈的背景下，短视频是品牌商进行品牌营销的最优方式，但缺乏用户的营销活动是毫无意义的。只有做好用户画像、用户运营，才能为用户打造出更加能迎合其喜好的短视频内容，并在不同的发展阶段，根据实际情况采取更加有侧重点的运营策略，从而使品牌基于短视频营销活动走得更远。

第二节 内容定位：选好方向，方得观众

品牌短视频营销，关键在于短视频的内容。做好内容定位，即你的短视频想要做什么内容，想要呈现哪个领域的什么样的风貌，这是品牌商需要重点思考的地方。内容定位将决定品牌商题材选择的方向。选好方向，方得观众。

有人认为，短视频内容定位只要“什么题材火就做什么”，其实这种做法是“自己为自己挖坑”。并不是所有的品牌都适合将短视频内容定位于“大火题材”，没有明确的内容定位，只是盲目跟随，甚至做自己不擅长的内容、与自身品牌调性不相吻合的内容，这样肯定是不行的。

在做短视频内容规划的时候，最忌讳的就是“从众”。要知道做别人做的内容，看别人做得很火爆，但这并不是自己擅长的，而且如果在这方面没有任何资源的积累，做起来也是相当困难的。

俗话说：“兴趣是最好的老师。”当然，在做内容选择时，能够让自己得心应手的还应当是选择自己最拿手、最有资源（包括数据、素材）的领域。这样在后期的内容策划上才能运用自如，让短视频在题材上和后续内容的持续产出上都有保障，而不是做一两条视频后就没有持续的内容可以挖掘和输出了。

其实，打造原创短视频内容也并没有想象得那么难，做好定位、选好

题材，就是做好短视频的第一步。当然，还需要创作者能够专注于一个领域，这样才能逐渐从“专”做到“精”。相反，大胆尝试跨界，需要很多方面极为丰富的资源和学识才能实现，否则什么都想做，结果反而什么都做不好，很难达到理想的营销效果。

在进行内容定位的时候，一定要注意遵循以下两个原则。

1. 内容定位要来自对用户需求的敏锐洞察

这里的“用户需求”，可能是用户对娱乐性能、功能或知识方面的需求，也有可能是用户精神和情感方面的需求。然而，无论用户的需求如何，一定要根据用户画像来洞察用户的需求、制订内容的方向，一定要围绕满足用户需求来定位内容。

2. 内容定位要贴合内容运营人的能力

运营人员在进行内容定位的时候，切忌脑袋一热或心血来潮，这样做出来的内容定位往往不具备前瞻性和长久性。而且，没有结合运营团队的整体特点和能力、没有经过深思熟虑就做内容定位，往往会出现内容定位与自我能力严重不符的情况。即便后期找一些有相关行业经验的人进行弥补，也很难达到理想的效果。因此，内容运营人员应当善于充分、合理地利用自己的能力和优势去做内容定位，这样才能在同行业竞争中做出自己的调性，展现自己的核心竞争力。

一、垂直内容：垂直深耕才能吸引精准流量

做短视频营销，很多人都想尽办法提升自己的运营以及收益，但归根结底，还是要做好内容定位。内容垂直度就是其中一个方向。

那么，为什么要做垂直内容呢？简单来讲，垂直内容在运营中能够起到以下三方面的作用。

1. 精准吸粉

垂直内容的第一个作用，就是能够提高粉丝的精准度。做短视频营销，重点在于通过输出的内容来吸引粉丝。无论是建立自己的特色 IP，还是推广产品，最终的目的都是吸引用户对我们的关注，从而实现后期的消费变现。

然而，要想提升变现效率，就需要提高粉丝的精准度。如果你的粉丝基数十分庞大，但精准粉丝少之又少，那么你的销售转化率就会很低。解决这一问题的途径，就是打造垂直内容，并持续输出，这样就能够有效吸引越来越多的精准粉丝。

2. 内容专业

判断短视频内容是否专业，其中一个重要标准，就是看内容的垂直度有多高。通常，垂直度越高的内容，所体现出来的专业性越强。这就好比挖井一样，如果东挖一下，西挖一下，很难挖出水。但如果坚持一个方向深挖下去，迟早会有泉涌的机会。同样，做短视频内容也是同样的道理。如果能坚持自己的领域不断钻研下去，慢慢地你就会对这个领域了解得更多，内容质量会更高，专业度会更强。

3. 提高权重

在创作短视频内容时，还需要重点关注平台的运营规则。当前，很多短视频平台上，不仅内容的原创度会影响到账号权重，内容的垂直度同样如此。

那么，什么样的内容是垂直内容呢？简单来讲，垂直内容，就是你持续、专注做同一个领域的内容，而不是各个领域都去尝试。如果你是做美食的内容，那么你就一直做美食领域；如果你做育儿的内容，就一直做育儿领域；如果你做娱乐的内容，就一直保持娱乐领域的内容输出。

对于短视频用户而言，越是垂直、细分的内容，用户才会对其越感兴趣。因此，为了迎合广大用户这种对垂直内容的喜好与需求，众多品牌商在定位短视频内容时，也开始向垂直化领域偏移，希望加强垂直细分的内容来吸引不同侧重的用户群体，如萌宠、美食、美妆、汽车、教程、生活技巧、娱乐，甚至是钓鱼、下棋这样的小众内容，也都在短视频平台上拥有庞大的用户规模。

以2018年短视频领域的发展趋势为例。在2018年，各个短视频平台将目光重点集中在寻找适合自身的垂直细分领域，并对内容进行积极创新。

首先，在2018年，短视频领域骤然刮起了“三农”风。无论是快手，还是抖音上的短视频，都围绕这一细分领域的题材进行内容定位。

其次，在2018年，快手和抖音平台上绝大多数的短视频都将游戏、亲子和音乐作为三个细分领域来打造内容。而事实证明，游戏是备受欢迎的垂直领域，因为游戏本身是年轻受众十分感兴趣的细分内容。

回顾2018年短视频领域的发展状况，一切发展态势都指向一点：通过短视频平台的力量，品牌商的内容创作向更加垂直化和立体化的方向发展。这也充分说明，内容注重垂直细分，已经成为当下短视频平台和品牌商竞争的发力点。换句话说，越是垂直细分的内容，商业变现就越容易。

短视频垂直内容定位的方向分为以下三个方面。

1. 实用性垂直

能够给用户带来看得见的、实实在在的利益，能为用户解决痛点的内容，对于用户来讲往往是最具有实用性的内容。所以，品牌商在做短视频垂直内容定位的时候，要想让内容更具垂直化、细分化特点，就需要从满足用户利益的内容出发，能够让用户清楚、明白地知道自己能够从这样的短视频中收获什么样的利益和好处。

例如，一些生活小妙招，厨房顽固油渍清理、马桶疏通、旧衣物改造再利用，或者如何通过穿搭让微胖女生藏肉显瘦等。这些内容往往解决了大众日常生活中不同细分领域的痛点，正是人们想要了解的垂直内容。

2. 知识性垂直

垂直内容的打造还应当注重内容的知识性。知识就是价值体现。凸显知识性的短视频内容往往让用户觉得其内容很有价值。

例如，冷知识、星座、生活小常识、娱乐八卦等，都属于知识性垂直内容。以好物推荐为例，是教初步化妆的小女孩如何选择适合自己的化妆品。再以软件教程为例，是教那些常用软件功能的使用方法。

3. 差异性垂直

做垂直内容的另一个方向就是实现短视频内容的差异化。做好差异化，就是做到“人无我有，人有我优”，这样的内容其垂直化特点才会更加凸显。

根据国内唯一的视频全网数据开放平台——卡思数据在 2018 年 10 月发布的《短视频垂直行业白皮书》（图 3–4）给出的数据显示：当前美食类、游戏类、生活资讯类、时尚美妆类内容属于红海领域；搞笑类、母婴类、影 / 剧评类、军事类、财经类、汽车类、文化教育类、运动健康类、科技类、旅游类、娱乐类、少儿类、音乐舞蹈类短视频内容目前可挖掘空间巨大，属于蓝海领域。

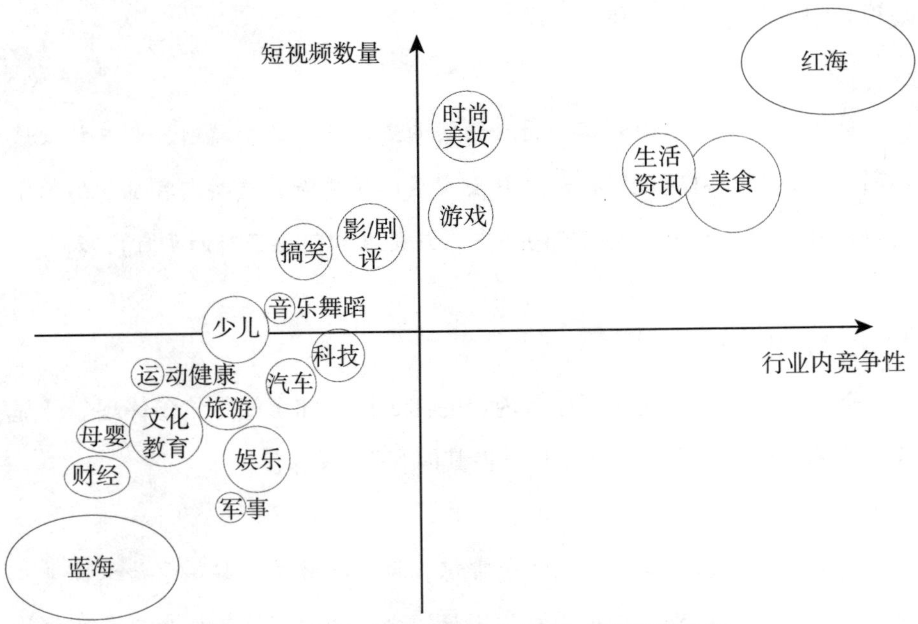

图 3–4　《短视频垂直行业白皮书》短视频数据图

注：图中气泡大小为行业的总流量规模

资料来源：卡思数据。

二、原生内容：打动用户的制胜法宝

“原生内容”实际上也并不是什么新型词汇。传统的广告内容，往往让用户反感，而原生内容则与之大不相同。原生内容是当前的一种重要的短视频广告内容形式，即通过一定的内容定位策略，将品牌广告有效地融入短视频中，并以此增强用户的主动观看热情。显然，原生内容对于重塑用户与品牌的关系十分重要。

1. 原生内容与广告的关系

2017 年热播的电视剧《我的前半生》，在播出前大概有 90 秒的时间都是在播放广告，对于用户来讲，感觉 90 秒的广告时间仿佛让自己等了一个世纪，恨其不能赶快结束。然而电视剧开播后，其中一段场景却让人记忆犹新：罗子君的母亲到贺涵家里，看到一款冰箱，并惊叹着说出了这款冰箱的诸多功能，而这样的视频 + 台词，却让很多追剧人对冰箱的出处产生了强烈的好奇心，并到购物平台寻找电视剧中的同款冰箱。这种将广告词植入电视剧的方法就是原生广告，其内容就是原生内容。

换句话说，原生内容就是将广告变成内容，在不影响用户观看短视频的前提下，将推广内容融入产品环境和用户的使用习惯中，从而提升广告的命中率。

原生内容具有以下三个特点（图 3-5）。

（1）价值性

价值性即为用户提供有价值的内容。在当前“碎片化”特点越来越凸显的时代，人们的时间是非常宝贵的。所以，必须在用户宝贵的时间里为其提供更加有价值的内容，这样才能让用户不再像看传统广告一样反感，而是在不知不觉中就已经知道了这个品牌或其产品的存在。这样的内容能够为用户提供更加满足其生活形态和生活方式的信息，更加易于被用户所接受。

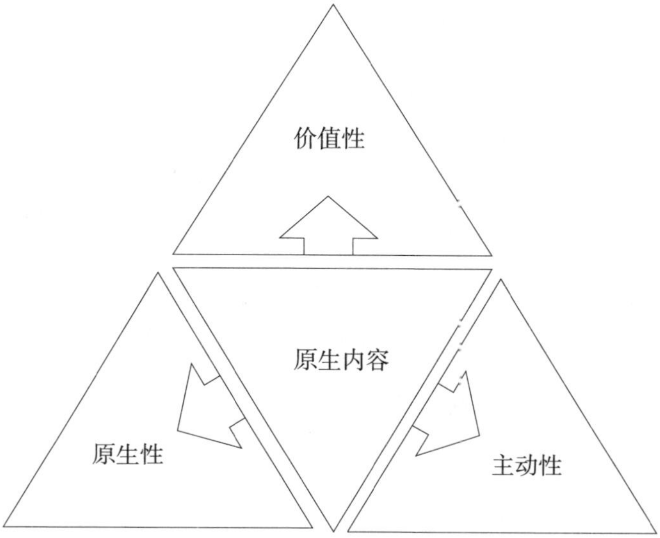

图 3-5　原生内容的特点

（2）原生性

原生性即将品牌推广信息潜移默化地植入相关内容当中，这种方法并不会破坏相关内容的整体和谐性，不会破坏画面的整体和谐性，也不会因为抢占用户的注意力而显得突兀。

（3）主动性

主动性即受众在观看短视频时，发现其中有价值、有意义的内容，会乐于观看、乐于分享，也乐于参与其中。与以往单纯的“到我为止”的品牌广告相比，这种主动性的原生内容则更加有利于受众的主动分享和传播，每个用户都能成为一个扩散节点，实现裂变式分享传播。

2. 原生内容打动用户的切入点

以往的广告内容，品牌商往往站在企业的角度向受众表达品牌和产品信息，这种做法是站在受众的对立面，缺乏和用户平等对话的机制，给人疏远、不平易近人的感觉。短视频的出现，则打破了这种壁垒，为品牌商创造了一种能够与受众平等对话的语境。所以，短视频营销并不是对传统营销方式的平移，也不是对传统广告的重新组装。短视频营销要凸显的是其原生性，即在短视频平台展现适应短视频平台调性的广告内容。

以抖音平台为例。抖音上的用户绝大多数是年轻人，他们有朝气、有活力、有先进思想、代表潮流和时尚、敢于尝鲜、喜欢快节奏的生活，他们是一个时代发展的风向标，是推动时代经济发展和商业逻辑变革的主力军。他们更喜欢用互联网记录并分享自己的内心世界，更喜欢将能够体现自身才华、能力的东西向别人炫耀。

而抖音正是这样的平台，在抖音上发布的大多是快节奏感、符合年轻人口味的内容。而西瓜视频则更加追求精致化、精品化的内容。因此，只有打造符合平台调性的原生内容，才更能打动用户，达到品牌传播的目的。

整体而言，短视频原生内容能够打动用户的核心切入点包括：

（1）美

美，即美好。对于美好的东西，没有人会拒绝，人们反而会主动去靠近。可以说，任何时候，美好的东西都不会衰落。

抖音的广告语是“记录美好生活”；快手的广告语是“记录世界，记录你”；小红书的广告语是“找到你想要的生活”。

（2）利

利，是好处。能够为用户带来利益、好处的内容，往往是用户所喜欢的内容。常见的小技巧、小窍门、教程、冷知识等，都属于能够为用户答疑解惑的内容，这些应当是品牌商打造原生内容的核心切入点。

（3）新

新，是新奇。新奇的东西往往能激起用户的猎奇心，满足其好奇的心理。

（4）情

情，是指情怀。通常，情怀、匠心、正能量的内容，很容易引起用户的情感共鸣。

举个简单的例子。有这样一则短视频：在贵州有一个非常贫困的山区，这里是核桃的生产地。而核桃也就成为当地人收入的重要来源。但是由于这里的交通不便，核桃的销路受到了限制。一个小孩，其父母在城市打工，却无法享受像很多城市同龄人一样的童年。每天放学回到家里却要做很多农活，其中一件事情就是帮助爷爷剥核桃。

他的一双小手特别黑，他问爷爷手怎么这么黑？爷爷告诉他那是因为核桃剥得多。他说："等我长大以后一定要发明剥核桃的机器。"其实，剥核桃的机器早有了，但这是他的理想。

这段短视频表达的意义是："即使是一道微弱的光，也能穿透黑墙。"显然，这段短视频是将"情"作为原生内容的切入点，走的是"情怀营销"道路。通过这个公益视频的宣传，当地的核桃销量由此得到了大幅提升。

3. 优质原生内容的打造（图3-6）

（1）短小精悍

从当前短视频营销的火爆程度可以预见，未来几年短视频会成为品牌商开展营销活动的重要工具。与此同时，要想在短视频极短的时间里表达品牌想要传递和呈现的所有内容，难度将会越来越大。所以越是短小精悍的内容，才越能抓住用户的眼球和心理，成为更能为品牌商带来商业价值的内容。

（2）逻辑简练

随着人们时间的碎片化特点越来越明显，短视频用户很难静下心来、拿出足够长的时间去了解一条冗长拖沓、逻辑混乱的内容。只有那些逻辑思维连贯、内容简练的短视频，才能在众多短视频中脱颖而出，才能吸引用户主动去转发和传播。

（3）轻松娱乐

轻松娱乐的内容能给人精神和情感上带来一种愉悦、轻快的氛围，能够缓解人们工作、生活之余的压力，这样的内容对于绝大多数人来讲具有足够大的吸引力。

（4）节奏感强，有煽动力

节奏感强、有煽动力的内容更能抓住观看者的观看热情，能引发用户的情感共鸣，为品牌商带来巨大的流量。

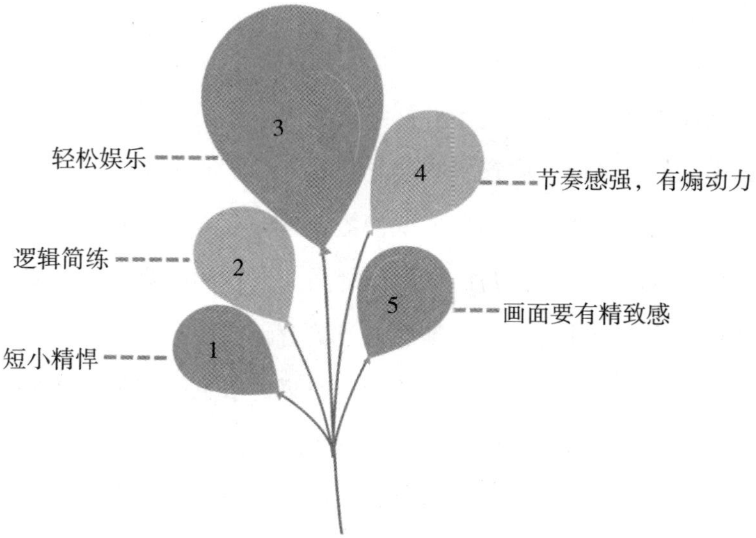

图3-6　优质原生内容的打造

（5）画面要有精致感

精致的画面往往更具艺术魅力，给人一种美感，让用户在观看的过程中更能获得一种良好的视觉享受。

总之，品牌在原生视频中，一定要给用户呈现一种轻松愉悦、能给其带来感染力的内容。这样不但用户更容易接受短视频内容，而且还能很好地塑造品牌形象，让用户主动与品牌互动，玩成一片。

三、精品内容：实现单向传播到深度扩散

2018 年，中国网络视听节目服务协会发布了《2018 中国网络视听发展研究报告》，该报告中给出的相关数据显示："网络短视频领域的规模在不断扩大，短视频已经成为网络娱乐产业发展的支柱。2018 年视频内容行业的市场规模达到 2016.8 亿元，网络视频付费用户达到 53%。从近 3 年的数据可以看出，内容付费占比从 2016 年的 18.8% 上升至 2018 年的 26.6%，

增幅较为明显。”

然而这样的增幅，离不开网络视频内容品质的提升。短视频作为网络视频中的一个部分，内容自然会向着精品化方向发展。

在过去，由于短视频门槛低使短视频内容乱象丛生，很多内容违背了主流价值观。然而，经过一段时间之后，这样的内容已经给用户带来了审美疲劳，用户更为需要的是能够通过更有趣味性、价值性的内容来获得需求上的满足，包括知识层面的提升、情感诉求上的满足、精神层次上的升华。因此，对内容品质的追求成为用户追逐内容的新方向，而精品内容则成为短视频发展的一种趋势。品牌商借助短视频开展营销活动，在进行内容定位的时候，应当以精品化内容为导向。这样可以有效提升品牌形象，增进与用户之间的亲密程度，提升用户主动转发的积极性，从而实现单向传播到深度扩散。

那么品牌商应当如何做好精品内容呢？精品内容主要具有以下三个特点（图 3–7）。

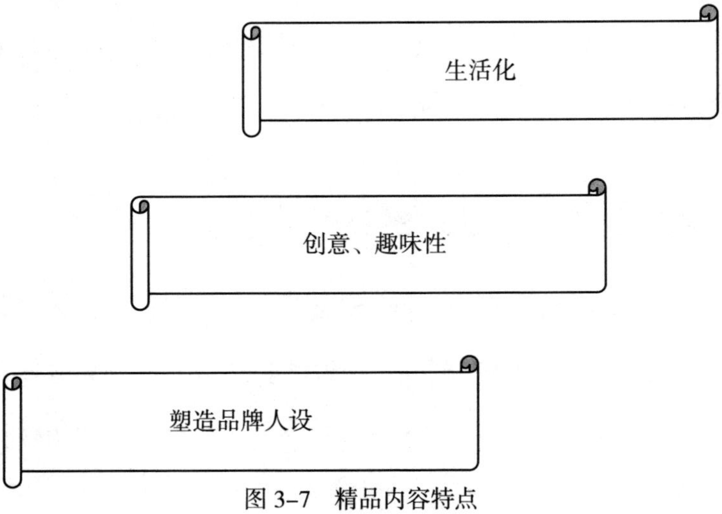

图 3–7　精品内容特点

1. 生活化

“艺术源于生活”，每一件创意产品都堪称精美绝伦的艺术品，都必然来源于真实的生活。

短视频营销，一切流量、销量都来源于前端优质的画面呈现，构建创意生活场景画面可以引导消费者在生活中产生联想，从而达到用生活化内容创造流量的目的。

2. 创意、趣味性

精品内容还应当在选题上富有趣味性，不枯燥、不死板，而且是市场上稀缺的内容。如结合跨界、热点潮酷、新奇的内容等，这些内容往往在形式上给人新颖的感觉，能给用户带来同类视频中所不具备的差异化内容，可以说这样的短视频内容是精品中的精品。

3. 塑造品牌人设

精品内容还必须要能够体现独特性的风格，即IP形象，而这样的风格就需要品牌商通过打造个性鲜明的短视频人设来实现。通过塑造短视频人设来体现品牌IP。在为短视频内容增加看点和点击量的同时，也为品牌带来流量和粉丝黏性。

一汽大众借助堪称“优质内容孵化器”的西瓜视频平台，通过打造题为“了不起的村落”的短视频内容，为其自身塑造了高品质品牌IP。该短视频的镜头聚焦于中国的10个古老而隐秘的村落，通过短短几分钟的提炼记录，诠释了古老村落的现状与文化传承。一汽大众借助村落文化为自身品牌IP赋能，使其品牌价值内涵也得到了显著升华。

总之，品牌商只有走“精品内容”路线，围绕“精品化内容”开展短视频营销活动，才能赢得更多的商业化变现机会。

第三节　场景定位：场景是短视频营销的立世之本

随着移动互联网的发展，品牌营销的玩法也更具创新性。用场景定位来做生意，成为一套更加高级的、行之有效的生存方案。

所谓“场景”并不等同于营销渠道，而是融入人物、时间、地点等多重维度所构成的一个小世界。在这个世界里，集中体现了人物对产品的使用情况和体验感受。场景是串联消费者、产品的工具，更是唤醒消费者某种心理状态或需求的手段。

有人认为，做营销的最高境界就是洞察人心。“场景”看似与“人心”没有直接的联系，但做好短视频场景定位、打造更加适合的场景来展示产品，却可以直攻用户内心。在品牌短视频营销过程中，以情景为背景、以商品为道具，通过环境、氛围来营造一种能够让短视频用户的口、鼻、耳、眼、心同时感受到的“情感共振”，就可以通过情景有效地打动用户，引起其情感共鸣，进而促成其购买行为，实现用户转流量、流量变销量。可以说，场景是短视频营销的立世之本。

一、原生场景：与日常生活高度贴近

当下，借助短视频开展营销活动、获取流量变得简单了许多。但是在当前这个同质化日趋严重的时代，用户往往会对诸多大同小异的短视频产生审美疲劳，短视频的商业变现能力也会越来越低。品牌商要想借助短视频开疆拓土，还必须找到最佳的短视频营销姿势。

从众多短视频中不难发现，场景已经成为短视频的一个重要特征。无论是田间地头还是城市中央，无论是逗娃还是遛宠物，这些镜头中的场景都与日常生活高度贴近，而这样的场景往往是人们最熟识的、最易产生兴趣的场景，从这样的场景中可以窥探到别人的生活方式和别人解决生活中遇到的问题的方法。这些场景实际上就是短视频中的原生场景。

简单来讲，原生场景就是融入消费者的真实情感、融入消费者的真实消费、融入消费者的真实产品使用的场景。随着场景化营销时刻的到来，原生场景成为当前短视频营销的一个重要方向。

那么如何来搭建短视频的原生场景呢?

1. 针对性

原生场景的搭建，首选要注重针对性。简单来说，就是研究品牌、产品属性、功能，根据其属性或功能设置原生场景。

此处以小米手机为例进行说明。小米手机发布了一条短视频，其内容是教小米手机用户如何拍出“大长腿”的感觉。

在这则短视频中，小米针对的是其产品所具有的拍摄功能，所以就针对这一功能，打造了一个户外拍摄场景。在场景中，小米用户借助小米手机挑战“小短腿”，借助巧妙的方法拍摄出了“大长腿”的既视感。而这个户外场景就是一个典型的针对小米手机拍摄功能而打造的原生场景。

视频场景中还巧妙地展现了一款小米手机，并且有十分清晰的品牌Logo，但仅是视频主题内容所需，且只有一闪而过的画面，没有停留很长时间。随着短视频的传播和转发，目前这则短视频已经获得35.4万的点赞量。所以，这种将产品融入原生场景中的方法并不会影响小米手机借助短视频进行宣传的效果。

2. 亲近性

亲近性即从用户角度出发，分析用户画像，通过素材、用户喜好来投其所好，打造更加贴近用户喜好的场景，让用户因此而产生一种品牌的亲近感，以此来打动用户。

原生场景的这种亲近感的建立，需要从以下两个方面实现。

（1）选取贴近生活的原生素材

贴近生活的素材本身就拉近了品牌与用户之间的距离，选取这样的素材来构建短视频场景，往往能加强用户情感共鸣，更容易激发用户点击短视频观看的热情。

（2）打造投用户所好的场景

在打造短视频场景的时候，可以根据大数据的分析结果，通过将用户喜欢的场景高频地融入用户生活中，打造有温度的场景营销模式，使场景的搭建能够做到“投其所好”，更能获得用户的芳心，提高短视频的播放率。

3. 效益性

用户在观看短视频的时候，是有选择性的。对于那些能够给自己的生活、学识等方面带来益处的内容，往往才是用户喜欢观看的内容。再加上用户的时间都是碎片化的，所以对内容的即食性、价值性提出了很高的要求，用户不会将自己宝贵的时间浪费在一些毫无意义和价值的内容上。因此，在打造原生场景的时候，要能够将产品融入场景中，还要能够直述产品活动的利益点，让产品利益性在场景中得以凸显，突出用户可获取的利益点，这样才能有效增加用户的点击率。

总之，在搭建原生场景的过程中，应当从产品特性和用户需求出发，从针对性、亲近性、效益性三个角度去构建，可以提高短视频的点击率，进一步提升短视频广告的转化率。

二、体验场景：以用户体验为中心

有句话说得好："生活就是场景的组合，营造场景就是为了接近消费者。"的确，在当前市场竞争激烈的环境中，要想更多的用户注意到自己，并保持用户黏性，这是每个品牌在开展营销活动时所关注的焦点。而提升用户关注度的最好方法就是搭建将用户生活串联起来的场景，将场景融入他们的生活。

无论品牌商如何宣传产品，在消费者眼中，使用产品时能否获得满意的体验感，才是他们最关心的问题。

所以，品牌商借助短视频开展营销活动，离不开体验式场景的构建。体验式营销是当下的一种主流营销模式，"体验"是重构人与商业的连接，体验式场景是将用户带向品牌和产品的重要渠道。以用户体验为中心，构建体验场景，是短视频场景构建的一个重要方向。

那么品牌商该如何构建以用户体验为中心的短视频场景呢？

1. 符合用户生活的真实场景

任何产品，只有融入活生生的生活场景中，才能体现出其与众不同的功能与价值。所以，在短视频场景打造的过程中，只有符合用户生活的真实场景，才能将品牌和产品的价值最大限度地呈现给用户。而用户则可以透过这样与真实生活相同的场景，更好地认识产品，了解和体验到产品使用的效果。高辨识度的场景，有助于触动用户的痛点和痒点，通过良好的产品体验，引起用户的情感共鸣，在提升用户对品牌好感度的同时，更能激发用户的购买欲望。

最为经典的短视频体验式场景营销，还当数农夫山泉的"煮饭仙人"。

在短片中，主人公是一位86岁高龄的日本老人，他一辈子只做一件事情，那就是做米饭。他一做就是53年。每天都有很多人排长长的队伍前来就为了吃他做的一碗米饭，甚至还有人从千里之外赶过来品尝。其实，一碗好吃的米饭，关键不在于是否是好的食材，而是这种坚持53年的工匠精神。

农夫山泉打造的短视频体验式场景中，选取厨房作为场景，这位日本老人在十分专注地做米饭，而且视频中以煮饭用水为切入点，向广大用户传递的是一种“要做强健康的后厨用水”的理念。农夫山泉推出的“煮饭仙人”短视频，打造的场景还原了真实的生活场景，从解决家庭米饭如何能煮得好吃这样的痛点出发，强调了其在餐饮领域的适用性，从而实现了其从传统解渴的饮用水向家庭和后厨用水市场的跨越。

2. 打造产品使用、体验场景

短视频营销本身是对传统图文广告短板的补充，品牌商在短视频中打造产品使用和体验场景，使用户在动态画面和话题讨论中就能顺理成章地了解产品的使用功能、产品体验。对于品牌商而言，则可以通过用户的话题讨论、内容分享，反过来推出消费者的真实需求，从而实现精准投放。这样一来，品牌商投放的正是用户想要的。

总而言之，短视频营销创建遵循“以用户体验为中心”的场景，使剧情表达更加完整，将品牌理念和产品特点更好地呈现在消费者面前，能够帮助品牌商从用户角度出发，建立连接、实现沟通，将品牌价值的传播发挥到最大化。

第四章
视频制作：
打造爆款短视频，助推营销变现

优质的短视频能够给用户带来良好的观看体验，能够提升营销变现的概率。然而优质的短视频必须要经过精心策划、精细打造而成，还需要有一定的发布技巧，并在发布后期对投放效果进行汇总和优化，使短视频能够迎合用户需求。当然，优质视频的制作并不是拍拍脑袋就能实现的事情，还需要专业的团队通力合作，进行全盘运营和把控才能实现。

第一节　视频制作：爆款短视频推进内容价值最大化

短视频制作并不是一个一蹴而就的事情，是需要进行全局把控、步步为营才能打造出理想的短视频内容，并实现理想的营销效果。短视频制作是否精良，决定了播放量、流量以及转化率，因此在制作短视频的过程中，要本着将“短视频内容价值最大化”的原则来进行，这样才能达到事半功倍的效果。

一、标题和封面直接决定视频的生死

短视频的标题和封面是用户最先看到的部分，就像是“门面”一样。标题和封面是否具有吸引力，直接决定着短视频的流量，而流量是短视频营销是否成功的“生死线”，具有举足轻重的作用。好的标题和封面能快速抓住用户的眼球，像具有强大魔力一样，吸引用户向短视频作品靠近。所以，做好短视频的标题和封面是首要工作。

1. 标题

以往的“标题党”已经成为过去式，“标题党”虽然能吸引人，但却不是长久之策，长期采用“标题党”策略，久而久之会让用户失去信心，会使用户对你的短视频内容采取放弃的态度。这对于品牌商而言显然是得不偿失。

从内容的点击量可以判断视频是否具有吸引力，一次点击相当于一次播放。吸引人的标题才能增加点击量，提升转发量、评论量，如果一个短视频的点赞量、评论量较高时，其内容被系统推荐到相关频道的可能性就会增加。而且系统工具也会因为标题关键词出现的频率向用户推荐短视频内容。所以，打造一个好的标题，你的短视频才有更高的曝光量。

因此，起标题也是一个技术活。不仅要求创作者有一定的文字功底，还要求其了解一定的起标题的套路，巧立标题，学会模仿。总之，标题一定要起好。那么，什么样的标题能够吸引用户的观看热情呢？

（1）标题中提出疑问或反问

例如：“这种玩具，你的童年玩过几种？”

“每晚哄完宝宝睡觉再起来录视频，亲们可以送我上个热门吗？”

（2）利用数字和数据

例如：“1000 元的东西原来只值 70 元？带你揭开眼镜行业下的暴利。”

“请人贴墙纸真的是贴不起啊！人工加物料 3000 多元。”

（3）利用时事热点、热词、明星、名牌词

例如：“3 招教你如何识别 iPhone 手机翻新机。”

（4）抓住观众的痛点

例如：“电脑辐射危害有多大？ 5 招教你减少辐射。”

“对付黑头，一招就够了。”

（5）给观众建议，告诉他们应该采取哪些行动

例如："离职原因要这么答，你的面试官才服你。"

"扔掉不适合自己的，这样穿搭才显瘦。"

（6）勾起观众的好奇心

例如："美女卸妆大变身，看到最后一个亮了。"

（7）指出观众关心的事情

例如："离职后社保断缴怎么办？能补交吗？"

（8）强调省钱、价值方面的东西

例如："一个网址帮你轻松摆脱手机视频前的广告！再也不用买会员啦！"

"衣服穿久领口大，这样缝更完美、更好看，又可以省一件衣服钱了。"

标题加上"@抖音小助手""#我要上热门#"等，这样的标题被系统推荐的可能性会提升。

例如："2019年最流行的颜色，漂亮的栗棕色@抖音小助手。"

标题上可以带上和内容相关的分类。

例如："清新简单款 DIY 手工草莓花束包装教程 #38 女王节 # 母亲节 # 情人节礼物 # 手工 DIY。"

"# 健康 # 养生八段锦，每天做一做，百病难生。"

标题上可以带一些"发现""生活百科"之类的标签，这样的标题标签特点就非常凸显，很容易聚集粉丝。

例如："家里洗脸盆经常被头发堵塞，下水慢有臭味，多亏有了这个神器 # 生活百科 #。"

【注意事项】

起标题时要注意以下几点：

（1）表达清晰有条理

标题要表达清楚，且要偏娱乐化。

（2）贴近内容

在标题里可以带上与视频内容相关的一些关键词。

（3）不要堆砌文字

标题中切忌堆砌太多的文字。这样的标题对于观众不是很友好，系统很可能不会给你推荐。

（4）拒绝故弄玄虚

在标题中，尽量不要出现"万万没想到""不为人知"等词汇，并且标题不能与内容有很大的落差。

（5）拒绝震惊词汇

不要在标题中出现过于夸张的形容词，如"惊呆了""震惊了"等。

（6）拒绝挑衅词汇

在标题中不能使用“不看必后悔”“必须知道”“不得不知道”等语言，这样的话语容易给人一种挑衅的意味。

（7）拒绝低俗词汇

标题中不能带有低俗的词语，这类词语是明令禁止的。

2. 封面

封面是短视频的核心画面，封面如果没有选好、处理好，那么即便再精彩的短视频也会影响用户的观看选择。

爆款短视频的封面打造技巧如下：

（1）封面图与标题吻合

封面本身与标题就是两个遥相呼应的部分，二者都为内容服务。封面图在制作的时候，一定要与标题相吻合，这样才能起到强化内容的作用。

（2）形成独有的风格

封面是为了让整个短视频更加完善、美观，更具有吸引力。而所谓的风格是指通过巧妙的构思和想法，打造出一个有别于其他人、能让人眼前一亮的封面表现形式。千篇一律的封面很难使用户眼前一亮，所以在种类繁多的短视频中，能够自成风格，也是使短视频成为爆款的重要条件。在打造封面的时候，一定要从品牌属性、定位等方面进行考虑，从而形成不可复制的风格。

（3）封面与内容相关联、风格统一

封面的作用就是吸引用户，让用户以最快的方式了解短视频所要传达的大致理念，从而不会因为错失用户而错失点击量。所以，在打造封面的时候，一定要围绕内容进行，与内容相关联。另外，封面图还应当与短视频内容的风格保持统一，这样的封面才更加具有标识性。

例如，当前“一禅小和尚”短视频在各个短视频平台上都比较火爆，其封面有“一禅小和尚”的图，并且每张封面图都是如此，这就是其封面图的一个特点，形成了该短视频的一个标识。

【注意事项】

选取封面的注意事项主要有以下三点。

（1）干净利落

封面相当于短视频的“门面”，一定要干净利落，不要出现花屏、水印、模糊等现象。优质的封面能为用户带来良好的观看体验，劣质的封面会伤害用户的观看体验，对点击播放是致命的。

（2）尺寸与短视频相同

封面图的最佳尺寸应当与短视频相同，短视频如果是以竖屏方式呈现的，那么封面图也应当是竖图；短视频如果是横屏，封面图则也应当采用横图的形式。

（3）封面内容不要有违规信息

违规信息是各短视频平台所打击的重点对象，出现这些信息是无法通过系统审核的。

我们每天都生活在信息流里。在海量的信息当中，我们判断一条信息是否具有阅读价值，仅仅需要几秒钟时间就可以做出决定。基于这一特点，品牌商做短视频营销时，重点就是抓住用户的好奇心。只有用户点击观看，才是品牌商向短视频营销迈出的第一步。所以，只有把握住用户的这个心理，在标题和封面上下足功夫、做足料，用户才会自发点击和评论、分享。

二、打造高级感，提升画面表现力

品牌短视频营销，与用户距离最近的就是短视频的画面。画面品质的好坏直接影响着用户的观看体验。如何能将短视频画面打造出一种电影的高级感，进而提升画面的表现力？以下这些细节是需要运营者用心把握的。

1. 拍摄器材的选择

短视频的拍摄，重点还在于拍摄器材的应用，所以拍摄器材的选择是首要步骤。

摄影专业性强的人自然对拍摄器材的要求较高，他们希望能够拍出精益求精的画面感。因此，需要准备专业的相机以及摄影摄像装备，如三脚架、滑轨、稳定器等，这样能够保证画面稳定、有质感。

然而对于规模不算太大的视频制作团队而言，在拍摄器材的选择上，可以走从简路线，只要运用得当，非专业的手机设备就可以实现。如今的智能手机已经在各方面的功能上有了很大的提升，拍照、摄像功能同样如此，不但能够满足日常使用需要，还能满足普通的短视频拍摄需求。但是，在使用手机进行拍摄的时候，还应当配备相关的周边设备，以满足短视频的拍摄需求，如手机拍摄三脚架（能够满足小型场景的稳定拍摄）、手持稳定器（能够有效保持拍摄运动画面的稳定性）、手机摄影支架（能够拓展手机镜头拍摄的范围，为短视频创作增色）、手机三合一镜头群（能改变手机拍摄的“视野”）。

2. 拍摄技巧的运用

（1）营造恰当的构图

视频画面的构图，往往凝聚着拍摄者的拍摄思路与意图，同时也反映出其艺术水平。营造恰当的构图，是构建具有高级感短视频画面的重要部分。

①不要把拍摄的对象放在墙面前。

一个完整的画面中，往往需要演员、动作、事件共同构成，因此如何构图，将画面填满，是需要拍摄者精心布置的。

很多非专业的拍摄者，往往直接将人物安置在一堵墙面前，然后用一个固定的角度和方向去拍摄。这样的拍摄方法是错误的，因为这样很容易使拍出来的画面给人一种单调、呆板的感觉，毫无美感可言。

②拍摄时可以选择对着墙角。

有深度的画面才容易在观众脑海中形成深刻的记忆。而对着墙角拍摄，往往可以拍摄出有深度的画面。因为对着房间的对角线拍摄，会给人一种空间加深的感觉。如果不知如何选取角度进行拍摄，就可以将相机移到墙角，这样整个画面就会立刻高大上起来。

③尽量展示外景。

如果在有窗户的室内拍摄，不少人选择将窗户关起来，在一个密闭的环境中进行拍摄。其实这样的做法并不合理。如果能够将拍摄角度移至窗口处，并且把窗外的景色带入画面，就会使整个画面呈现出令人意想不到的视觉效果，这样的构图方法会让整个画面的戏剧性增强很多。

④选取带有标志性的建筑物为背景。

如果在室外拍摄，最好选择有标志性的建筑物作为背景，将其融入画面中，如以上海的东方明珠为背景，这样整个画面就会立刻给人留下深刻的印象。但需要注意的是，这些用作背景的标志性建筑需要进行虚化，避免喧宾夺主。

（2）创造适合的景深

无论是拍照还是拍视频，都应当创造合适的景深。换句话说，就是让拍摄对象远离背景，让演员沿着拍摄框架移动而不是穿越框架，这样拍出来的画面才更加有趣。

同时，还应当注重多层深度的构造。可以通过为拍摄对象设置前景、后景和主体之间的距离打造一种真正富有质感的画面。

①前景构图。

进行前景构图时，为避免前景干扰画面，作为陪体的前景，在选取时一定不要过大，以免遮挡主体、削弱主体。

②后景构图（图 4–1）。

进行后景构图时，通常选择花草、树木等虚化背景的方法来突出主体。

当然，需要将设置的前景和后景模糊后，画面才能更加有深度，给人营造一种身临其境的感觉。

图 4–1　后景构图

如图 4–1 所示，进行前景构图时，可以将镜头缩小，用栅栏和花朵作为演员的前置景物。将栅栏、花朵与拍摄主体拉开空间深度，可以营造出一种有深度感的画面，而且整个画面立体感增强，使拍摄的画面提升一个档次。

进行后景构图时，将演员安排在景物前面，用景物做背景，这样可以让拍摄主体从背景中“跳”出来。

3. 后期剪辑与调色

拍摄只是一个前期步骤，在后期，还需要对整个画面进行调色和剪辑，这样经过精心打造出来的画面才是成品。

（1）精心剪辑

拍摄完毕之后，并不意味着整个短片就完全成型了。后期剪辑是必不可少的环节，可以让粗糙的画面变得更加精致。在保证整体内容完整的前提下，如果发现哪一段不满意或者拍摄效果不佳，就可以进行删除并重拍，然后再进行拼接。最后，整个短视频就有了一个完美的录制画面。

（2）修正画面色调

正所谓“无调色，不出色”。在剪辑完成之后，要进行画面调色，这也是提升画面质感非常重要的一步。好的色调不仅能提升短视频画面的视觉效果，还可以形成一种独有的风格。在调色的过程中，整体思路是：从整体到局部。在调色的过程中，要充分利用一些调色软件或工具，进行一级调色，修正颜色的平衡度；二级调色，进行风格化处理。

调色处理还应当注意尽量避免纯黑和纯白，即便不得不使用黑色调，也应当用非常暗的红色、蓝色来代替，从而使整个画面色彩更加协调。

如果短视频画面不够亮或不够暗，应尽可能地避免用整体加亮、减暗的方法进行处理，可以采用增亮局部面积和比例的方法来解决。

这样一步步调出来的色彩，才能让整个画面更加唯美、有质感。

只有通过高品质的画面打动人、让人产生联想的短视频才容易让人记住。掌握以上短视频拍摄技巧，才能让画面更有深度，以此达到让观看者过目不忘的效果。

三、融入特效技术，让短视频出其不意

单一的画面，往往平淡无奇、毫无新意，难以激起用户观看、点赞、评论、转发等互动热情。如果在短视频中融入特效技术，能够极大地提升画面的吸引力，那么整个短视频则能产生出其不意的效果。

那么如何在短视频中加入特效技术呢？这里以抖音短视频加特效为例。

1. 人脸识别技术

很多商家借助图像识别技术为抖音内容的火爆进行加持。不少抖音上出现“憨厚脸”“甩狗头”“戏曲脸”这类特效内容，都是借助图像识别技术实现的。这样的内容能够给人新奇感，让广大抖音用户喜欢上短视频内容，进而为品牌沉淀流量。

第一步：打开抖音 App，点击页面最下方的“+”按钮（图 4–2）。

图 4–2　抖音 App（一）

第二步：点击“+”按钮之后，点击左下角的“道具”按钮（图 4–3）。

图 4–3　抖音 App（二）

第三步：在点击“道具”按钮后，选择热门，然后选择“京剧”。之后会弹出多个戏曲脸谱，在其中选择一个自己喜欢的脸谱（图 4–4）。

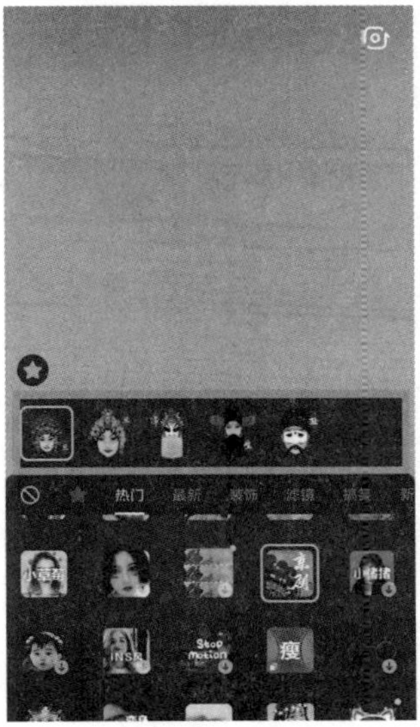

图 4–4　抖音 App（三）

第四步：在选择好自己喜欢的脸谱之后，就可以点击进行拍摄了。拍摄完成后就可以上传（图 4–5）。

图 4–5　抖音 App（四）

2. 人工智能技术

在抖音拍摄过程中，可以通过一定的技术拍摄出人的头发变颜色的特效。这种特效就是依靠人工智能技术实现的，而且抖音专门针对头发做了识别优化。目前抖音的头发分割技术已经提升到了发丝级的精准度，还能通过头发追踪技术和自研着色技术估计头发的反射率，能够在不同的原始发色和光照条件下渲染出大多数颜色。

那么这种头发染色的特效是如何操作的呢?

第一步：打开抖音 App，进入软件的主界面。点击下方的“+”按钮，进入视频的拍摄界面。

第二步：在拍摄界面的左下角，有一个“道具”选项，点击进入道具选择界面。

第三步：在道具选择界面中可以看到一个“染发”的图标。点击该图标，即可进行拍摄。

第四步：如果是自己拍摄，可以将摄像头翻转到自拍模式，然后对准自己进行拍摄。拍摄完毕，上传即可。

此外，除了短视频平台上自带的特效功能以外，品牌商还可以根据内容需求，借助平台以外的特效技术来制作更加酷炫的短视频，用更加创新的玩法在第一时间吸引更多用户的眼球，提升用户点击视频的积极性。这种积极性往往决定了短视频后续的营销情况。可以说，技术的驱动已经在很大程度上超越了其他方面，成为品牌短视频营销成败的关键。

四、背景音乐与视频呼应，强化内容

短视频传播过程中，除了内容要充满真挚的情感，背景音乐也是不可忽视的一个重点因素。一个好的短视频，即便内容情感充沛，让人情不自禁，但是没有好的背景音乐来烘托，没有让这种感人的氛围进一步得到升华，短视频营销也很难达到预想的效果。

然而，背景音乐选择的问题常常令短视频营销运营者感到头疼。因为背景音乐在选择的方面没有固定的套路，也没有标准答案。所以对于短视频制作者来讲，如何才能选择与短视频内容最相配的背景音乐，并且提升视频的代入感，使视频不落俗套，是一个关键性问题。

具体而言，在选择背景音乐的时候，要注重把握以下几个原则。

1. 音乐与画面意境相适配的原则

不好的故事，在好的背景音乐的烘托下，可以拯救整体画面的呈现效果。如果好的故事，再配上好的背景音乐，那绝对是锦上添花了。

背景音乐的主要作用就是对短视频内容的传递进行辅助和提升，使整体内容能够在背景音乐的烘托下，画面意境更加凸显。因此，炫酷的画面需要动感十足的音乐来搭配，唯美的画面需要唯美的音乐来搭配，清幽的画面就需要古典的音乐相匹配，这样整个画面的意境才会与背景音乐相得益彰，整个短视频才能给人一种和谐的感觉。

2. 音乐与视频内容节奏相匹配的原则

短视频的内容通常是叙事类居多，大部分视频的节奏和情绪都需要背景音乐来带动和提升。要想让短视频营销效果最大化，还需要背景音乐与视频的整体节奏相匹配，如果是翻转的内容就需要翻转的音乐相匹配。匹配度越高，画面就会越带感，营销效果会越显著。

在具体操作的过程中，在进行短视频剪辑的时候，最好按照拍摄的时间顺序简单进行粗剪，然后分析整个短视频的节奏情况，再根据整体的感觉去寻找更加合适的音乐。

3. “内容为主，音乐为辅”的原则

背景音乐的使用，其最高境界就是让人感觉不到它的存在，但却是必不可少的存在。所以，背景音乐在使用的时候一定要注重“内容为主，音乐为辅”的原则。一般而言，背景音乐最好选择一些纯音乐，或者是国外的音乐。因为如果选择的音乐附带歌词，往往容易将用户的思维带入歌词的意境当中，从而掩盖掉短视频本身内容的精彩性。

4. 规避版权风险的原则

版权是一个必须要注意的问题，要多加注意，并采取一定的方法去规避这样的风险。比如在选择好合适的背景音乐后，进行短视频录制的时候可以选择显示歌词字幕，用跟唱的方式来化解版权问题。

另外，还可以去一些专业的免费的乐曲库，定向查找相关的音乐。

在微视上制作短视频，在背景音乐的版权问题上可以不用担心。因为微视打通了 QQ 音乐的正版曲库，用户在微视上录制短视频的时候可以直接使用原视频音乐，并且可以模仿原视频动作进行拍摄。这样运营者在曲库中有更多的背景音乐可以选择，而且还有效降低了拍摄难度，更能规避版权风险。

如果制作抖音短视频，就可以通过一帧平台的抖音音乐热度榜搜索想要的背景音乐。在一帧抖音音乐热度榜中，热度音乐的名称、制作人、使用总量和使用增量等信息都是清晰可见的。运营者可以根据日榜、周榜以及自定义区间内的音乐进行自由选择，然后再对搜索结果有针对性地进行筛选，最终选出自己想要的背景音乐。

当然，如果想要给短视频配上更有特色的背景音乐，运营者可以自己进行背景音乐制作，通过音乐后期工具去做剪辑，再根据自己的视频画面去制作新的背景音乐。这样自然就不用担心会有版权问题了。

常用的短视频背景音乐：

（1）爱的就是你

（2）全部都是你

（3）我们不一样

（4）带你去旅行

（5）最美的期待

（6）佛系少女

（7）病变

（8）学猫叫

（9）我的将军啊

（10）听着熟悉的前奏就知道

（11）多么痛的领悟

（12）123 我爱你

（13）说散就散

（14）Sex Bomb

（15）Big Enough

（16）Where Are You Now

（17）So Please don't Go 啊啊啊

（18）Rock House Jail

（19）He's a Pirate

（20）Hero's Theme

（21）The Dawn

（22）Time

（23）Panama

（24）BOMM

（25）Shape of You

总之，在选取背景音乐的时候，还要注意不要有局限性，各种风格都可以去尝试，只要是适合短视频的音乐，都可以作为背景音乐使用。

五、严格把控视频长度和节奏

如今是快节奏时代，短视频成为大众消遣娱乐的“心头好”，成为大众打发时间的最佳方式。在短视频一片红海的情况下，品牌商借助短视频开展营销活动，成为时下最潮流的营销方式。

然而，在打造短视频时，对短视频的严格把控是运营者应该多加注意的问题。那么短视频的时长究竟是多少才能算是短视频呢？究竟产出周期为多久才算节奏适中呢（图 4–6）？

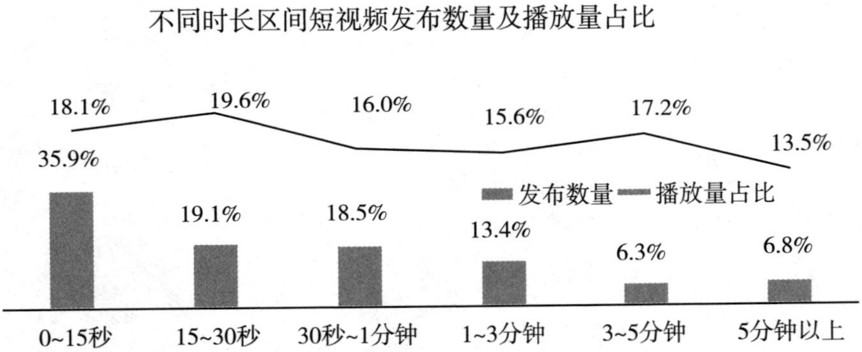

图 4–6　不同时长区间短视频发布数量及播放量占比

资料来源：《2019 内容创业年度报告》。

1. 时长把控

通常，短视频的时长最好控制在 5 分钟以内，这样的短视频更加便于传播，并且便于用户在无 WiFi 的情况下打开。

据相关数据统计显示：“对于超过 5 分钟的短视频，有 95% 的人不愿意观看，但 2~3 分钟的视频有 60% 的人还是可以接受直接用流量观看的。”

对视频时长进行把控，其实有两个方面的好处。

一方面，对于用户而言：

首先，将播放时间限制在 5 分钟之内，可以让那些没有 WiFi 的人能够较少顾及流量费用的流失，可以放心观看。

其次，简短却有深意的内容，能够让用户在短时间内就能看完一个完整的情节内容，有效而合理地打发了他们的碎片化时间。

另一方面，对于品牌商而言：

首先，制作短于 5 分钟的短视频，与长视频相比，更加节约成本，更便于剪辑，创作者有更多的时间去打造精品、爆款短视频。

其次，时长在 5 分钟之内的短视频是为迎合当前广大用户的时间碎片化需求而打造的，与用户打发碎片化时间的心理相吻合，能为品牌商带来更多的关注度和流量。

那么如何把控好短视频的播放时长呢？

（1）考虑用户感受

短视频最终的投放对象是用户，所以视频长短的把控，首先应当站在用户的角度去考虑，用户在看了短视频之后会有何种感受？只要短视频内容环环相扣、节奏情绪掌控得好，那么哪怕是用 5 分钟时间给用户呈现内容，用户却感觉时间过得很快，没看过瘾。相反，如果是毫无意思的内容，即便是 1 分钟，在用户看来，也会有冗长的感觉。这样一来，不管你的短视频中后面的内容有多精彩，也很少会有人能坚持看到最后，这会使短视频的完播率大大降低。

因此，在短视频初步成型之后，要发给运营团队的成员观看，待他们观看完之后，从直观上评论视频的长短，如果感觉过长，则证明内容不够紧凑，还要对那些无用信息进行进一步剔除，在保证内容完整的情况下，剪短部分画面。

（2）突出品牌价值

俗话说：“麻雀虽小，五脏俱全。”做短视频也应当如此。虽然短视频在时间上有所限制，但一定要保证能在这短暂的时间里，将品牌想要向用户传递的价值很好地呈现出来。要做到这一点，运营团队需要进行各方面把控，如画面、画质、音乐、品牌标识、品牌文化甚至品牌故事等都需要进行精心编排和不断优化。这样，才能使短视频这只“小麻雀”“五脏俱全”。

2. 节奏把控

短视频除了需要在播放时间上进行把控，还应当对制作周期和投放频率进行把控。

（1）制作周期

短视频因为播放时长短，所以在制作的时候所花费的时间也较短。通常短视频的制作周期为1~5天，其中，策划1~2天，拍摄1天，剪辑1~2天。拍摄周期要根据创意和选题的情况而定。但拍摄周期并不是固定不变的，有时候如果灵感来了，策划半天即可完成。如果能提升拍摄和剪辑效率，就能有效缩短制作周期。

（2）投放频率

通常，一条视频从火爆开始，其热度持续的时间最长为一周，除非有大量用户去模仿跟拍。所以，还需要对内容进行更新，以及持续输出爆款内容，才能保证热度持续时长得以增长。如果短视频投放的时间间隔过长，就容易让用户分心走神，甚至让用户失去继续关注的信心和热情，导致最终流向其他账号。

所以，对于品牌商而言，一定要保证一周之内至少投放一次新短视频的频率。最好能提升自己的投放频率，在保证短视频质量的前提下，视频数量有所提升，争取达到日更状态。这样，不但能快速确定选题方向，还能及时对之前不适合的选题方向做出适当调整，并根据粉丝反馈，在细分内容和短视频风格上做出调整，拿出更有深度的作品来，以此提升品牌商的营销效率。

六、遵循垂直屏幕规则

短视频发展得风生水起，而这却使传统媒体感到紧张。短视频的出现，使视频的播放规则也发生了变化，从传统的水平播放变成了垂直播放。

可以说，垂直屏幕开启了一个全新的视频时代。移动互联网的不断普及，以及用户从PC端向移动端的迁徙，使人们的娱乐方式逐渐开始转向手机，而垂直屏幕则成为一种必然趋势。人们在垂直屏幕上打发时间，品牌商也借助垂直屏幕的短视频抢夺用户，由此可见，垂直屏幕已经成为一个流量洼池。这对于品牌营销而言，也是一次前所未有的革新。

前有“代古拉K”“办公室小野”“七舅脑爷”等垂直播放内容点赞轻松破万，为洋葱集团立下了赫赫战功，赢得了1亿+用户，全网播放量过千万。后有爱奇艺短剧《生活对我下手了》上线，在每集不到5分钟的播放时间内，以生活中的片段为素材，用垂直播放的方式对日常小事进行夸张的解读，创下了首日单集热度突破5900点、总播放量连续4周排到爱奇艺总榜第5位的好成绩。这意味着垂直屏幕播放视频时代已经来临，并蕴含着巨大的红利。

与水平屏幕相比，垂直屏幕播放有其自身优势。

1. 信息量

传统的水平屏幕往往涵盖的信息量杂且多，不能给用户带来最佳的观看体验。而垂直屏幕则涵盖信息精而少，视觉上干净、利落，能够让用户心无旁骛地更加专注于短视频内容。

2. 操作

水平屏幕在操作的时候，往往单手触及的距离有限、持握手机的面积有限，在滑动或进行其他操作的时候，单手很难把控，需要双手同时操作。而垂直屏幕则不同，单手上下滑动屏幕也十分轻松、自如，操作起来更加便捷。

3. 视觉效果

水平屏幕往往播放尺寸有限，画面中的人物、景物显得较小，视觉效果差。垂直屏幕则将整个画面放大，在视觉上能够为用户带来更好的观看效果。

以抖音为例。抖音平台上水平屏幕和垂直屏幕播放的情况都有，但水平屏幕给用户所呈现的视觉感受，远远不如垂直屏幕（图 4–7）。

图 4–7 “水平屏幕”与“垂直屏幕”对比

图 4–7 中，“水平屏幕 1”与“垂直屏幕”相比，虽然是同样尺寸的手机屏幕，但因为前者是水平屏幕，播放画面只占了整个手机屏幕尺寸的 1/3；后者是垂直屏幕播放，画面全屏展现。显然垂直屏幕播放的画面更

加清晰，视觉效果更佳。

“水平屏幕 2”与“垂直屏幕”相比，虽然画面都占满了整个手机屏幕，用户看到的画面同样清晰，但却需要竖着手机看短视频标题，横着手机看短视频内容，给用户带来了不便，无法获得最佳的观看体验。而“垂直屏幕”的整体观看体验非常流畅、自然。

总而言之，随着人类垂直使用手机方式的特点越来越明显，再加上垂直屏幕具有水平屏幕所不具备的优点，所以品牌商在做短视频营销策划时，应尽可能地选择垂直屏幕，以便更加贴近用户。

第二节　投放攻略：掌握发布技巧，提升品牌曝光度

在整个短视频完美录制之后，接下来的重要步骤就是将视频在短视频平台上进行投放。掌握一定的投放方法，能够有效提升曝光率。对于品牌营销来讲，可以起到事半功倍的效果。

一、做好关键词布局是关键

短视频并不是盲目和随意投放之后就能收获成效，而是要做好关键词布局。关键词可以方便用户在短视频平台上进行关键词搜索，这样可以提高短视频的曝光量，不会让短视频发布后便石沉大海。

在进行关键词布局之前，一定要选择关键词。可以从以下三个维度进行操作。

1. 行业词选择

无论从事哪个行业，品牌商要想做好短视频营销，首先要做的就是确认本行业在推广过程中需要的主要推广关键词，可以借助大数据工具进行数据搜集、分析，从而找出主要关键词。行业词可以是业务行业词、别称行业词，甚至是相关行业词。

2. 产品词选择

在选择产品关键词的时候，需要从推广的产品名称、产品品牌词、产品别名等中进行整理和挑选。

3. 周边词选择

除了行业关键词、产品关键词之外，还可以从二者的周边进行挖掘，找到合适的关键词。

例如，“手工花制作”的周边关键词，可以是皱纹纸、串珠、丝带、纱幔、胶条、热熔胶枪、胶棒等。

挖掘好关键词，将关键词布局在短视频的标题、简介、内容或评论当中，可以有效提升用户的搜索精准度，进而帮助品牌商收获精准流量。

二、把控好视频发布的最优时间

第三方移动数据公司 Quest Mobile 发布的《中国移动互联网 2018 半年大报告》中指出：“当前短视频用户总使用时长达到了 7267 亿分钟，用户使用短视频的时间占比超过了社交软件。”那么，如何将如此长的短视频浏览时间抢夺为品牌运营的有效时间，这是品牌商关心的重要方面。

短视频发布的目的就是提升关注度，然而并不是任何时候都能获得理想的关注度。品牌商只有对短视频发布的时间进行正确选择和有效把控，才可以将上千亿分钟的短视频观看时间转化为有效的营销时间，以此提升短视频的曝光率。

具体而言，短视频投放的最优时间分为以下四个节点。

1. 7:00 ~ 8:00

这个时间段是人们早上的上班时间，在坐公交、坐地铁、排队等车的时候，人们往往会拿出手机打开短视频打发无聊的时间。

2. 11:30 ~ 13:30

这个时间段是午饭和午休时间，在闲暇的时候，人们会寻找一些娱乐方式来让自己的身心得到放松。这个时间段在短视频平台上投放视频，可以带来更多的点击量。

3. 17:00 ~ 16:30

这个时间段是下班回家的时间，此时是人们看手机的高峰期，也是投放短视频的最佳时间。

4. 21:30 ~ 23:30

在这个时间段里，人们的晚饭结束，并且一切工作都已经结束，是人们消遣、娱乐最活跃的时候，此时发布短视频，则能收获更多的活跃用户。同时，用户也有足够多的时间在评论区发起互动。

以上四个时间段，是短视频发布的绝佳时间。但需要注意的是，一定要提前在这个时间段做好准备，才能收获更好的发布效果。

三、多平台分发，东方不亮西方亮

如今，短视频行业已经格局初成，前有抖音、快手快步领跑，后有美拍、秒拍、小红书、西瓜视频等小步追随。但除此以外，还有各个网络视频巨头，如腾讯视频、爱奇艺等对短视频领域的红利虎视眈眈，并以最快的速度布局短视频市场。无论是领跑者还是追随者、转战者，都强化了短视频行业的竞争激烈程度，使短视频行业的竞争格局发生了显而易见的变化。

然而，作为品牌商，如何选择短视频投放渠道，则成为一个需要认真思考的问题。当前，短视频平台虽然众多，但侧重点却各不相同。所以，品牌商在投放之前，需要对不同的投放渠道进行深入研究和分析，之后才可以做出准确的判断，适合自己的才是最好的。当然，投放渠道过于单一，对于品牌营销并没有太大的优势，可以选择多个与自身特点相匹配的优质平台进行投放，东方不亮西方亮，才能将各平台用户最大限度地转化为品牌粉丝。以下选取六个比较有特点的短视频平台进行平台特点和用户群特点分析，帮助用户更好地选择最佳的短视频作品投放渠道。

1. 短视频平台特点分析

短视频在投放之前，首先要对短视频全渠道进行一个细致的特点分析，并且要结合品牌自身特点去寻找更加适合自己的推广平台。

（1）今日头条

今日头条上短视频的播放量主要是通过系统推荐，即根据短视频的标题、标签的关键词提取来获得的。因此，这些关键词对于品牌商而言是十分重要的，更加便于平台推荐更多的人来点击观看短视频。另外，今日头条能够实现 5 秒快速推广、锁定目标用户，10 秒更新用户模型，而且广告投放更加精准。

投放建议：理财类、生活类的品牌，可以根据导航栏的分类在该平台上投放。

（2）抖音

首先，抖音引入了头条的核心算法，所以对发布的短视频加入推荐算法模型，从而保证内容的成功发布率。其次，抖音还在短视频作品的推送方面实现了千人千面的高度，尤其是针对新注册的用户，会自动推送 10~20 条不同的视频内容，然后根据用户的观看行为来为其定义标签，并针对这一标签为用户推送相关内容。最后，抖音还在 KOL 和明星资源方面有极大的优势，能够在 KOL 和明星效应基础上为品牌商投放的短视频提升关注度和曝光率。总之，作为短视频作品投放的渠道的抖音平台，可以说在提升播放量、曝光量方面更具优势。

投放建议：基于抖音的娱乐特性，某些行业不适合在其平台上投放短视频广告。适合投放的行业有游戏、电商等。

（3）快手

快手不是很适合品牌认知，在其上投放的短视频作品一定要具有极强的社交属性。

投放建议：快手比较适合产品销售，建议餐饮、零售、电商等行业的企业投放短视频广告。

（4）美拍

美拍的粉丝对短视频的播放量有较大的影响，因此品牌商需要和粉丝经常进行互动，并维护粉丝关系，才能提升短视频的播放量。

投放建议：电商、美妆、婚纱摄影等相关行业，在美拍上进行短视频投放是很好的选择。

（5）爱奇艺

爱奇艺短视频平台依托于爱奇艺平台的庞大用户群和优质流量资源，可以为品牌商提供跨平台、多终端的网络推广服务。此外，基于爱奇艺平台大数据，可以为品牌商提供更加精准的推广服务。

投放建议：游戏行业、电商行业、医疗行业、家装行业可以在该平台投放短视频广告。

（6）微博

微博上本身聚集了大量用户，因此是品牌商短视频发布的最好流量池。

投放建议：生活类（包括食品、服装等）、地区类产品（如摄影等）、美妆等偏向女性化的产品适合在该平台发布，但短视频广告要趋于特色化。

简言之，不同的短视频平台有不同的特点，因此，品牌商在投放短视频时，一定要考虑所选择渠道的特点是否与自身发展特点相匹配。

2. 短视频平台用户群特点分析

在充分了解各平台特点之后，还应当对各平台上用户群的特点进行挖掘。用户覆盖及构成，是短视频平台实力的重要体现。对于品牌商而言，任何形式的营销，归根结底，都是把品牌信息直接传递给目标消费者。从这个维度来讲，不同短视频平台的用户覆盖和构成，直接关系到品牌营销的效果。

（1）今日头条

今日头条的用户群体广泛，大多数集中在二三线及以下城市。

（2）抖音

根据2020年1月抖音最新发布的数据报告显示：“抖音平台上的月活跃用户，整体偏向年轻化，男女比例大致为4∶6，女性偏多，男性偏少。而女性最大年龄段为21～25周岁，占女性总比例50%；其次是26～30周岁，占女性总比例21%。男性最大年龄段为21～25周岁，占男性总比例40%；其次是26～30周岁，占男性总比例22%。50%的用户在一二线城市。”抖音的用户群中，“90后”和“00后”是主力军，代表了潮流和新视野。

显然，抖音拥有庞大的用户基础，短视频作品在抖音上投放能够获得较大的曝光量，对于品牌知名度的提升也是比较好的。毕竟很多品牌都是被抖音带火的。

（3）快手

2020年2月21日，快手大数据研究院发布的《2019快手内容报告》中的数据显示：“快手的日活跃用户在2020年年初已突破3亿，快手的男女用户比例比较均衡，男女比例达到 54：46。其中 24 岁及以下用户占比最高，达到了 47.84%；其次，30.35% 的用户则为 25～30 岁；除此之外，36～40 岁的用户占比最低，仅为 4.91%。”

快手用户中，“85 后”“95 后”是消费主力，具有较强的社交属性，喜欢分享新世界。

（4）美拍

美拍用户为“80 后”～“00 后”的年轻群体，用户绝大多数为女性，且消费能力强。

（5）爱奇艺

爱奇艺的用户中，35 岁以下年轻用户居多，占总人数的 80%。

（6）微博

微博是一个“追星圣地”，在这里聚集的女性比例比男性高，男女比例为 38.9：61.1。年龄在 20~30 岁的用户占了 70.2%。

总之，将分发渠道策划好、运营好，也是短视频营销中的重要玩法。当前短视频平台居多，但各具特色，品牌商只有明确各渠道的特点和用户特点，才能选对更加适宜的平台进行多渠道投放，实现观看用户的全面覆盖。

第三节 效果评估：对投放效果进行汇总和优化

任何品牌做任何营销活动所进行的投资，都是要获取回报的，否则一切方案的制订、策略的执行都是徒劳的。品牌商在短视频投放一段时间之后，同样需要对自己的投放效果进行评估，通过各种数据汇总找到不足的地方进行优化和完善，进一步提升营销回报率。

一、短视频运营效果评估维度

短视频运营效果能够直接体现营销活动的开展是否成功，更影响到品牌商的利润和回报。然而，短视频运营效果需要从以下三个维度来进行评估。

1. 播放维度

在以往的TV时代，视频节目是否受欢迎，是通过收视率的高低来体现的。收视率是在视频领域出现的一个常见的数据指标，其数据所体现的是在某一时间段，观看该电视节目的目标观众人数在总观看人数中所占的比重，以百分比的方式表示。然而，这种统计方法只是抽样统计，并不能代表全部的数据统计结果。

在当前的互联网、移动互联网时代，随着短视频的出现，同样需要相关播放数据来衡量短视频的投放效果。从播放维度来讲，可以通过以下几个方面的数据来评估。

（1）点击数据

点击数据是用户点击观看短视频整体数量的直观体现。

（2）停留时长数据

停留时长数据反映的是用户在某一条短视频的观看时间长短。通常，用户在一条短视频上停留的时间越长，表明这条短视频的完播率越高。

（3）完播数据

完播数据是衡量短视频是否受欢迎的最直观的体现。完播率越高，即用户观看到最后的概率越大，则证明短视频内容越受欢迎、越有吸引力。

（4）收藏数据

用户往往会将自己感兴趣或者看着觉得有用的短视频收藏起来，留着在有需要的时候再拿出来看。所以，收藏数据往往是评判一条短视频做得好坏的重要指标。

（5）点赞数据

对于好的短视频，用户觉得内容非常“赞”，但是又懒得去分享转发，所以就会去点赞。点赞数据从一定意义上可以判断这条短视频被多少人看过，同时说明这条短视频是否使用户觉得赞赏和认同。

（6）视频扩散数据

视频扩散数据体现的是用户播放完短视频之后，进一步分享和扩大粉丝群的数量。在分享后，“二级用户”到短视频平台上点击观看短视频的用户越多，则意味着短视频所获得的目标用户数量越多。

分析播放维度的数据，可以获知用户对内容的感兴趣程度，进而帮助品牌商对短视频内容进行有效的调整，在保证内容合法、完整的情况下，更好地迎合用户的观看口味。

2. 互动维度

通常，对于感兴趣的东西人们才会关注和互动，并以此来表达自己内心的真实想法，以及交流的意愿。而互动数据则直接体现了观众对内容的认可程度，说明短视频内容真正打动了用户，给用户带来了帮助和切切实实的益处、价值。

短视频的评论区是最好的互动渠道，在这里用户对短视频内容的评价一目了然。短视频的互动数据包括以下两种。

（1）互动评论数据

互动评论数据包括正向支持评论数据、负向反对评论数据以及用户在评论区的日评论数据，通过挖掘这些数据，可以帮助品牌商洞察短视频内容策划的可行性，以及需要完善的地方，同时还能明晰用户互动的活跃度。

（2）互动效果数据

互动效果数据是用来表明此次发布的短视频内容是否有带入感，能够激起用户互动的积极性和热情。短视频互动效果数据可以从评论区挖掘，在评论区，用户的评论是可见的、可评估的，是最重要的互动评估渠道。也可以从短视频内容所打造的互动活动中挖掘，比如互动活动的关注度、参与人数等。

3. 粉丝维度

粉丝的多寡直接影响到品牌营销的效果。粉丝尤其是核心粉丝对品牌IP的忠诚度很高。粉丝量可以代表品牌IP的整体影响力。粉丝维度可以从以下三个方面来评估。

（1）粉丝规模数据

无论开展何种形式的营销活动，获取粉丝和流量才是“重头戏”。粉丝规模越大，则代表着短视频带来的影响力越大。在粉丝规模数据中，不但要关注老用户数量、新用户数量，还应注重用户流失的数量。这样所得到的粉丝数量才是真实的。

（2）粉丝黏性数据

粉丝黏性反映的是粉丝对短视频的喜爱程度、对品牌的忠诚度。因此，站在粉丝维度进行分析的时候，一定不要忽略对粉丝黏性数据的分析。

（3）粉丝价值数据

粉丝只有进行二次推荐或者变现，才能真正体现出其价值。所以，品牌商应当对粉丝价值数据进行充分分析，以便明确粉丝给品牌商带来的效益，并将其具体化。

概括而言，品牌商在短视频运营过程中，进行数据分析，做出运营效果评估是非常重要的环节，要通过数据表象深挖其背后的现象，这样才有利于品牌商对短视频的内容做出更加完善的规划和调整，以保证正确的策略执行。

二、掌握营销数据分析方法，优化运营效果

短视频运营是一项精细化的工作，所以在进行营销的过程中，运营人员一定要学会借助数据分析的方法来优化运营效果，使营销效果达到最大化。

通常，运营人员最为关注的问题就是利用大数据可以为短视频营销做什么？如何利用大数据实现自己想要达到的营销目标？人们常常会认为拥有了大数据就可以更好地实现品牌营销，然而仅仅拥有大数据是远远不够的。运营数据分析并不是盲目、粗糙进行的，关键在于真正了解大数据，并利用大数据为自己的品牌营销服务，让大数据帮助自己将品牌营销做得更好。

品牌商借助大数据优化营销效果是有一定的方法和步骤可循的。

第一步：搜集数据。

借助大数据分析来优化短视频营销效果的第一步，就是进行数据搜集。在收集营销数据的时候，不但要搜集自身的数据，还要充分挖掘全网中其他同行业品牌短视频营销的数据。这样搜集而来的数据才能更具完整性。对于品牌商而言，充足的数据量便于其利用大数据来制订更加迎合用户观看需求的短视频内容规划，能够为后续工作的进行打好基础。

第二步：数据可视化。

广泛搜集而来的数据既庞大又不易于分析，所以就需要对这些庞大的数据进行可视化操作。所谓“数据可视化”就是将数据信息以图像、图形（饼状图、直方图、散点图、柱状图等）、图标、表格的形式表达出来，可以达到清晰、有效地传达信息的目的，即实现更清楚地查看分析结果、简化正在使用的数据中的复杂性。

第三步：数据分析。

将搜集而来的庞大短视频营销数据进行可视化之后，就可以更加清晰地了解品牌自身短视频营销效果，同时还可以学习和借鉴其他同行的营销策略和方法。

通常，品牌商将数据分析运用于营销活动当中的方式有两种：一种是对于那些存在的问题十分明确并且已经有了解决方案的品牌商，可以采用假验的方法，对照测试结果，之后再进一步将分析结果应用到后续的短视频运营和营销当中。另一种方法是利用数据挖掘的方法找到与数据相关联的结果，从而制订相关的短视频运营和营销决策。

第四步：商业预测。

大数据分析还有一个重要的应用，就是预测未来商业发展的趋势。换句话说，就是利用大数据分析来预测品牌借助短视频开展营销活动时，应当制作哪些方面内容的短视频才是未来用户所感兴趣和愿意点击观看的。

“二更”是一家专注于原创精品短视频内容的平台。其内容涵盖了各界 KOL、生活方式、人文公益、商业客户等，目前“二更”已经成为全国最大的商业短视频创作和传播平台，各商业机构和企业纷纷寻找“二更”进行商业合作。

“二更”成立于 2015 年，在其成立不到一年的时间内，就在微信、微博社交媒体平台上拥有了千万粉丝，并且总视频播放量达到了 7 亿，成为了新一代年轻用户青睐的短视频内容。

随着市场经济的发展，“二更”也对自己的发展方向做出了一定的改变，实现了从最初走内容产品路线向产品矩阵和城市内容生态布局的转变。然而，“二更”是依据什么对自身发展做了如此大的改变呢？答案就是大数据分析。“二更”在收集了相关短视频行业发展的数据之后，经过分析，发现单一地借助短视频内容产品路线发展，利润空间有限。同时，还发现产品矩阵和城市内容生态将成为短视频领域未来发展的趋势，因此对之前的发展路线进行了重新调整和规划。

同时，借助大数据进行商业预测，还有一个非常重要的作用，就是分析当前制订的短视频内容和投放方案是否具有可行性。如果预测结果显示效果不佳，则需要运营人员优化现有方案，或者寻找新的、更加合理的方案和策略。

如今，人们对大数据的认识已经非常深刻，对于品牌商而言，大数据能够为其开展营销活动所带来的帮助绝对是令人意想不到的。如果能将大数据应用于短视频营销活动当中，就可以帮助品牌商实现精准的商业预测，指导品牌商制订更加优质的营销策略和短视频内容定制方案，从而进一步降低成本，达到预期的营销目标。

第四节　团队组建：找对的人，做对的事

精品短视频内容的诞生，是需要通过运营团队的通力合作才能实现的。因此，品牌商需要在团队组建上下功夫，只有找到对的人，才能做成对的事。

当然，团队组建还有许多方面值得注意。

1. 人员数量

短视频运营团队并不是随意组建就能达到想要的营销效果的，而是要有目的性和针对性。在人员配备方面，也要根据不同制作部分的需求来进行人员的配备。如果团队成员能够身兼数职，那么在人员数量上就可以适当减少，这样不但团队规模小而且灵活，还能够有效控制人力

成本。

通常，一个规模较小的短视频团队，其成员数量有3~4人即可，甚至有的短视频工作人员在各环节都比较精通，可以说是“全能型”人才，这样只要一人便可以担当整个短视频制作中的各种要务。这种情况在中小微企业的短视频营销中也是十分常见的。

2. 负责要务

每个团队成员都应当各司其职，做好自己职责内的事情。

通常，一个成熟的短视频运营团队，应当包括策划、演员、拍摄、剪辑、特效、运营等人员（表4-1）。

表4-1 短视频制作团队职位与职责划分

短视频制作团队成员						
	类别	职位	负责要务			
制作团队	策划	策划	编导	选题	脚本	情景设计
	演员	演员	专业度	人员数量	经验	表现力
	技术	拍摄	摄影	场景选择	场景布置	拍摄设备
		剪辑	剪辑	专业度	创新	剪辑软件
		特效	合成特效	声音特效	魔术特效	动画特效
运维团队	运营	运营人员	把握平台调性	进行数据分析	洞察用户需求	准确迎合用户需求

3. 团队招聘

正所谓：“工欲善其事，必先利其器。”优质短视频，必须要有优质的制作团队，应当根据短视频的方向来招聘相关人才。

具体而言，应当遵循以下三个原则。

①有短视频制作经验者优先。

②要求面试者详细标注面试的职位。

③要求面试者提供相关制作作品，并进行技能展示。

总之，快速组建短视频运营团队，不仅需要团队成员熟悉短视频制作流程，还需要有团队成员能够把控好自己的角色、做好本职工作，将自己的技术和能力最大限度地挖掘和展现出来。

一、策划人员：好的策划能够掌控全局

策划人员可以说是整个团队的“总导演”，主要职责是负责选题策划、脚本撰写、确定主题风格、做好情景设计。策划人员是整个团队中的核心人员，应当具备以下潜质。

1. 能够掌控好全局

策划人员在团队初建之时，可以说是整个团队中的“领军者”，带领整个团队确定短视频制作的整体方向，综合大数据分析技术来预测短视频播放的效果，并且还需要保证整个团队能够持续、高效地向用户输出内容。同时还要有将整体目标进行切割的能力，将不同的制作环节合理分配给不同职位上的其他成员。

2. 做好选题策划

作为短视频运营团队中的“排头兵”，策划人员一定要搜集所有与爆款短视频相关的题材，好的题材是短视频能够出彩的生命动力。因此，最好能在每次策划内容前，组织团队成员开会，每人准备 1~2 个选题，然后进行讨论和筛选，最后决定选题内容。选题内容的方向应当是能够与粉丝互动、紧跟热点、融入爆点、打造属于自己品牌的标签，还要注意考虑后期的收益，避免盲目跟风。

3. 设计情景、撰写脚本

选题方向明确以后，接下来就是设计短视频情景，制作分镜脚本。通常，脚本在撰写之后，是需要与团队的拍摄和剪辑人员进行沟通的，以

确保脚本的可行性。之后再对脚本进行不断优化，最终达到双方都满意的效果。

4. 主动探索和学习

有句古话说得好：“活到老，学到老。”策划人员的职位非常重要，对整个团队工作进展起到至关重要的作用。由于市场一直处于不断变化的状态，内容运营策划方向只有与市场发展状况相吻合才能有效获取流量、赢得销量。这就需要策划人员能够有主动探索和学习的心态，让自己的能力跟得上时代发展的步伐，打造出更加优质的短视频作品。

5. 学会案例分析

任何行业，要想打造出新颖脱俗的作品，是需要在思维和技术上进行突破的。策划人员既要有自己独有的见地，还应当拓宽自己的思维模式，学会借助大数据分析技术，对成功案例进行有效分析。之后，对分析结果去粗取精，结合品牌自身的特点，将别人的成功之处有效结合并植入短视频制作中。这样打造出来的短视频，既有自己品牌独特的格调，又能够获得大众的青睐，实属难得。

二、演职人员：好的角色可以深入人心

一条短视频，虽然简短，但却蕴含了完整的情节。在拍摄过程中，好的演员，能够用好的角色表现力使角色深入人心。

一名好的演职人员，能够根据不同的视频类型胜任不同的角色需求。具体而言：

1. 幽默故事类短视频，要求演员幽默和风趣兼具

幽默故事类短视频，演员在拍摄过程中应当有一种拍摄大片的心理，在这种心理的驱动下，才能让自己的表演张力最大限度地放大，让短视频内容达到幽默、搞笑的效果。

“陈翔六点半”作为网络短视频的领军者，几乎在各大平台上都能看到，该短视频就是主打幽默故事类内容。一个作品能够大火，要么靠实力，要么靠明星效应。而“陈翔六点半”靠的却是实力，除了有好的内容外，更重要的是要有演技精湛的演员。其主要演员有“妹爷”“球球”“闰土”“蘑菇头”等，他们在表演的时候，没有拘泥感，都能放得开，使表演十分自然，能将整个故事的幽默性很好地呈现给观众。

2. 娱乐类短视频，要求演员特长和特色并存

娱乐类短视频要求演员在拍摄的时候，能够很好地展现自己的特长，如唱歌、跳舞、演奏等，显然对演员的技能提出了较高的要求，能够给观众带来眼前一亮的感觉。

3. 生活技巧类短视频，要求演员具有生动而形象的表现力

生活技巧类短视频，往往通过一些小场景来展现一项特殊技能。在表演的过程中，要将应该有的那种亟须解决痛点问题的心情表现出来，从而把视频引入主题。

4. 脱口秀类短视频，要求演员语言犀利、表情夸张

脱口秀类短视频，往往需要演员通过幽默和犀利的语言、夸张的表情、清奇的画风，将内容展现给观众。能够达到这种“魔性”的演技，才能将短视频内容更好地演绎出来，并达到深入人心的效果。

Papi 酱就是一个典型的靠拍摄脱口秀短视频而走红的“网红”。她能够用十分具有魔性的演技：大幅度的表情变化、浮夸的心理活动，瞬间点出事情的要害，使每一帧画面都是一个表情包，虽然夸张，但不会给人做作感。Papi 酱用自己特有的表情和语言风格，使广大观众产生共鸣，并由此喜欢上了这位“奇女子”。

5. 美食类短视频，要求演员表情传神到位

对于美食类短视频，通常内容分为两类：一类是吃；另一类是做。对于做美食而言，大多数情况下是不需要露脸出镜的。而对于吃美食的人来讲，则需要演员能够通过语言描述和表情特写来传达出美食的诱人之处，从而勾起观众的食欲。

除此以外，演员在拍摄短视频的时候，还要注意，虽然不能与专业演员比肩，但一定要向专业演员看齐，学会用语气、语调、表情、动作来诠释想要表现的内容，以便让角色更好地融入品牌宣传当中。

三、技术人员：技术润色不可或缺

精品短视频除了靠优质的内容、演员精彩的表演，还需要技术人员进行加工和优化，才能将作品进行润色，将其打造成精品。所以，短视频制作团队成员中还需要技术人员的参与。

1. 优秀的摄影师能够让短视频更出彩

摄影师主要负责拍摄工作，但为了能够使拍摄效果达到最理想状态，摄影师还应当做好摄影棚的搭建，以及风格设定的工作。

一个优秀的摄影师需要懂得很多拍摄技巧。

技巧一：不要以固定镜头为主，多做变焦动作。

拍摄短视频的时候，一定要记住不要将设备固定在一个点上，要多利用变焦镜头拉近或推远镜头，这样拍摄出来的画面才不会死板，更加灵动。

技巧二：变焦切忌忽远忽近重复拍摄。

变焦镜头如果应用得恰到好处，会让画面动感十足。然而，如果变焦镜头忽远忽近并不断重复，则会使画面变化过快，使人眩晕，不能给人好的感官体验。

技巧三：拍摄要稳，切忌抖动。

要想拍摄出唯美、清晰的画面，首先就必须保证拍摄过程能保持平稳。这就需要辅助设备，如三脚架等。

2. 剪辑师让短视频从完整到完美

剪辑师主要负责对粗片进行整理、剪切，可谓是对短视频“去其糟粕，取其精华”，从而将完整的短视频打造成完美的精品。

一条短视频，画面的呈现必定与镜头的流动和转换息息相关。而一条完美的短视频，一定要保证镜头的自然转换。剪辑师在剪辑短视频时，要掌握好镜头的流动和转化技巧。

技巧一：镜头流动和转换符合逻辑。

一切事物的发展都是有一定的自然规律和逻辑的。短视频所呈现的内容，也应当遵循这一规律。剪辑师在剪辑的过程中，要根据内容的时间变化、情节顺序等来剪辑和粘贴内容，这才能保证短视频逻辑的合理性和流畅性。否则，逻辑混乱、镜头不流畅，会让观众认为是“烂片”，甚至失去继续观看的耐心。

技巧二：突出重点，主次分明。

短视频的剪辑工作也是一个细致活。在剪辑的过程中，要结合整体故事内容来进行，将可有可无的、画面效果不佳的部分剪切掉，才能让整体完美。同时还需要注意剪切后要能让短视频内容重点突出、主次分明，给观众一种张弛有度的视觉感。

3. 特效师可以化素材内容为神奇作品

在后续加工的过程中，很多短视频还会加上一些特效，为的是让短视频的表现形式更加与众不同。特效师在此时是一个不可或缺的职位。很多短视频作品在经过特效师的创意润色之后，变得更加具有神秘感、奇特感、深邃感，能够给观众带来意想不到的视觉感受。

特效师在给素材内容加入特效技术的时候，需要注意以下技巧的应用。

技巧一：特效时长把控得当。

特效本身是为了让短视频更加具有吸引力而进行的操作，特效对短视频内容起到润色和烘托的作用，能提升短视频的档次。但在加入特效的时候，要注意时长的把控，最佳时长为短视频播放总时长的1/2~2/3。特效时长过长，虽然对用户有持续的吸引力，但也有喧宾夺主之嫌。短视频拍摄的重点还应当放在内容上，而不是炫酷感的特效上。

技巧二：与短视频内容相匹配。

在为短视频添加特效的时候，一定要围绕短视频的整体内容设计来进行，让内容表达更加具有完整性。而不是为了特效而制作特效，给人一种画蛇添足的感觉。

技术人员是短视频制作过程中必不可少的，只有各技术团队成员之间相互磨合和配合，才有利于团队打造的短视频向着更精、更深、更准的方向不断迈进。

四、运营人员：准确迎合用户需求

当成品短视频作品诞生之后，接下来的工作就是选择在哪些平台上发布。然而，发布出去并不意味着运营工作的结束，运营人员还需要对短视频的各项数据，即播放数据、互动数据、粉丝数据等进行收集和分析，然后再做出针对性更强、效果更好的营销方案和策略。

很多人已经意识到运营人员在整个短视频营销过程中的重要性，如果说一个品牌短视频营销成功的比例是100%，内容的生产和制作占到了50%，那么运营的力量同样也会占到50%。的确，从短视频内容生产出来的那一刻起，就已经和短视频运营息息相关了。

然而，运营人员无论采取何种运营方式，都是围绕如何最大限度地实现变现盈利而展开的，而实现这一点的关键就是能准确迎合用户需求。具体而言，运营人员在具体运营过程中，应当具备哪些能力呢?

1. 准确把握平台调性

每个平台都各具属性，其用户同样如此。所以，运营人员要具备一定的判断和决断能力，能够准确把握平台调性与用户特点，分析与自己的目标用户是否吻合，这是运营人员在选择运营渠道之前应当充分考虑的。

2. 有数据分析能力

对于运营人员而言，数据分析能力是一种不可或缺的能力。如果能充分运用数据分析的结果，包括平台数据、用户数据、竞争对手数据、播放数据、收藏数据、点赞数据、转发数据等，观察其变化趋势，尤其是收藏数据和评论数据，将其运用于品牌运营当中，对以后内容选题和内容提升可以参考和借鉴，为品牌营销服务。收藏数据可以分析出用户对这个短视频的喜好程度；评论数据可以分析用户关于哪些话题的活跃度高。

3. 对用户需求高度敏感

对用户需求具有高度敏感性，主要是要求运营人员能够通过观察几段热门短视频，分析出这些热门短视频能够激发人们产生共鸣的点是什么，用户能够转发的真正理由是什么，并将这些内容写下来。写完之后，再根据评论区用户的评论内容来对照是否与自己之前写下的点相一致。这样做的目的是更好地了解短视频的痛点在哪里，用户真正的喜好是哪些。

总之，运营人员具备了这些能力，能够在日常运营中不断学习和思考，去了解用户、反复体验，并在短视频制作方面不断冒出新想法，不断为短视频内容增加用户观看热情的砝码，这样才能成为一名优秀的运营人员，才能帮助品牌在短视频营销这条路上越走越远。

第五章
内容输出：价值内容输出是王道

近几年，“内容”已经成为营销活动中的必备要素，没有实实在在“内容”的营销，可以说是空洞的，是没有吸引力和魅力的。短视频营销作为一种营销模式，同样离不开“内容”来做铺垫。对于当前的短视频营销格局而言，谁能够留住更多的用户，谁就能拥有更大的市场。高质量内容往往引发用户自主传播，并且是用户为品牌商自愿进行免费推广的重要原因。可以说，价值内容输出是王道，打造高价值内容是品牌运营人员的一项必修课。在短视频内容中嵌入自己的品牌及产品，可以起到四两拨千斤的效果。

第一节 短视频内容策划要点

短视频营销中，“内容”是核心竞争力。因为，用户对于短视频创作的内容要求越来越高，如果没有高品质的内容持续输出，就意味着在短视频营销方面失去了一个重要优势，从而失去用户的关注。

在当前的互联网时代，流量获取成本越来越高昂，对于品牌商而言，尤其是那些中小微品牌商，没有流量就意味着只有死路一条。而借助内容引流则无疑是一种低成本、高效率的流量获取方式。

但短视频内容的制作和落实也并不是一蹴而就的，而是需要精心策划和一步步完善才能打造出吸引用户的高质量内容。运营人员掌握一些策划要点，对于品牌营销而言，能够起到事半功倍的效果。

一、诉求清晰，明确要做什么

无论采取什么行动，首先要想到的是自己要达到什么样的目的，然后根据这个目的制订行动计划，并为这个目的而不懈努力。短视频内容的打造同样如此。

短视频营销的最终目的就是使用户能够主动下单。然而，能激发用户主动下单的，必然是能够满足其诉求的东西，因此短视频内容的打造应当围绕用户诉求进行。具体步骤如下：

第一步：分析用户诉求。

分析用户诉求，是开展营销活动过程中必不可少的环节。借助大数据分析技术可以精确分析客户诉求，达到精细化营销的目的。在分析用户诉求的过程中，可以通过以下两条途径实现。

（1）分析用户互动数据，间接了解用户诉求

所谓得数据者得天下，运营人员应当进行专项用户数据分析，这样才能保证工作效率和工作质量。在进行专项用户数据分析的时候，应当从用户的点赞、评论、收藏、转发等数据进行全方位分析，以保证获得的用户诉求数据能够更加精准。

（2）与用户互动，直接了解用户诉求

评论区是与用户互动的最佳场所。在这里可以通过与用户之间进行联系和交流，从用户的言谈中全方位地了解用户诉求的种类、内容等，达到知己知彼、百战不殆的效果。

第二步：做好诉求归类。

做好用户诉求归类，可以帮助运营人员对用户的诉求意图进行更好的揣摩，最终明确诉求的业务目标。这样可以根据用户的不同诉求打造更加有针对性的短视频内容。“运筹帷幄之中，决胜千里之外”就是这个道理。

在明确用户诉求、做好用户诉求归类之后，运营人员就可以围绕用户的这些诉求打造更能迎合用户诉求的内容。在内容上打动用户，并持续加深用户对品牌的印象，这样促成用户付费购买产品的概率则更大。

二、内容策划结合产品和诉求

短视频营销作为一种全新的变现模式，商家如何打造出既有吸引力，又有带货能力的短视频内容，是一项十分重要的工作。这需要运营人员在进行内容策划的时候，既要融入产品，又要融入用户诉求，而且形式要

不拘一格，可以是卖萌路线、干货路线、情怀路线等。但无论选择哪种路线，都要注意一个永恒的宗旨：以吸引用户为前提，以促成下单为目的。

具体而言，应当注意以下两个方面。

1. 充分体现产品调性和价值

在当前竞品功能、特点同质化日益严重的时代，调性和价值减弱，没有调性和价值的产品，是没有市场的。因此，要充分挖掘并扩大产品的价值，才更有利于增加用户黏性；让产品的调性更加凸显，才更容易让品牌建立鲜明的定位。产品调性和价值的建立，可以从产品属性、产品个性等方面进行打造和挖掘。这也是当前新营销时代，寻找全新差异化的切入点。

“汪仔动画饭制”在当前“调性营销”和“价值营销”的理念下，选择与抖音合作，通过线上打造有关与“汪仔”有关的动漫内容，用虚拟角色为产品“汪仔饭”做铺垫和代言。借助消费者喜欢的动漫内容以及体验方式，用能够引起消费者注意力的IP为产品的销售增加助力。

2. 产品调性、价值与用户诉求向契合

产品的推广目的是迎合用户诉求、解决用户痛点，这样的产品才能受到用户的青睐，才能激发其购买的欲望。所以，在打造短视频内容时，产品的植入，无论是调性还是价值，一定要与用户的需求相契合。这样才能将用户的需求与产品的调性与价值连接起来，更好地赢得用户的关注度和好感度。

三、点燃用户头脑风暴

能够激发用户为之疯狂的短视频内容，才是能够真正为品牌带来巨大流量和销量的内容。因此，在进行短视频内容策划的时候，能够产生点燃用户头脑风暴的内容，是最好的、最有影响力的内容。

那么什么是头脑风暴呢？头脑风暴，其实就是不同参与者汇聚在一起，将大脑中产生的创意和想法进行碰撞，从而产生新的创意点。

构建能够点燃用户头脑风暴的短视频内容，必定是能让用户身体里的有创造性的血液流动起来，让其跟随短视频的节奏激荡出更具智慧的互动行为。具体在策划的时候，方法如下：

1. 打造易于模仿的内容

很多用户的特点是喜欢模仿，他们喜欢对自己感兴趣的内容进行模仿和拍摄，并在其基础上进行更加大胆的创意操作。基于这一特点，运营人员可以根据时下热点创建出简单、易于模仿的有趣内容，激发用户模仿拍摄的兴趣。这种数以万计的跟拍和模仿，能够起到的传输作用是非常可怕的，往往在跟拍和模仿的过程中，就已经吸引了大量粉丝，并将其转化为消费者。

就这一点而言，海底捞是一个非常典型的例子。按照通常的习惯，人们去饭店就餐，必定是先拿着菜单点菜。然而去海底捞的顾客却“一改习俗”，入座后拿起手机在抖音上寻找他们想要的美味，并且“抖音同款”成为顾客和海底捞服务员的“接头暗号”。

海底捞为什么能够形成这样的销售格局呢？关键在于海底捞的短视频内容打造。海底捞的内容策划正是借助点燃用户的头脑风暴的理念来进行的。

海底捞在抖音上发布了一条短视频，打造了“魔性”十足的全新吃法，如油面筋酿鸡蛋（食材：一盘油面筋，一个鸡蛋。做法：用筷子在油面筋上戳一个洞，将鸡蛋打散后，顺着这个洞将鸡蛋液倒进油面筋当中；之后再将整个油面筋下锅煮，等到油面筋漂起来的时候就煮熟了。此时，油面筋充分吸收了锅里的汤汁，看起来非常入味，吃起来口感细腻，就像是油面筋里包裹了一份炖蛋，口味非常鲜嫩爽口）、牛肉粒番茄拌饭（食材：一碗米饭。做法：在米饭上撒上小料台上的五香牛肉粒，加上自己喜欢吃的各种小菜，如葱花、香菜等，最后再淋上一勺番茄锅底汤，这样一碗鲜香的牛肉粒拌饭就做好了）、海鲜粥（食材：一碗米饭。做法：将米饭下入清汤锅当中，稍微煮一下，然后再将虾加入其中，并佐以小料台上的小菜、五香牛肉粒、酱油、盐等，熬煮20分钟，即可成粥）。这些创新吃法在以往的海底捞菜单中从未有过，但却能让人在自己DIY美食的过程中充满成就感，让用户疯狂模仿，并且点燃了用户的头脑风暴，激发他们直接去海底捞进行吃法创新。

这三种创新吃法，既简单易操作，又充满了新奇感，能吸引更多的用户模仿，到海底捞实体店跟拍。这显然为海底捞做了一次次很好的品牌宣传，给海底捞带来的经济收入也是显而易见的。

2. 在新奇特内容中“留白”

人人都有好奇心，对于感兴趣和好奇的事物，人们总是展现出足够的兴趣。短视频内容策划的时候，还应当给内容“留白”，给用户留下创意和设想的余地，能够以此激发他们的创作兴趣，满足他们的成就感。

四、第一眼原则

很多时候，我们买东西会有这样的感觉：往往第一眼看上一件喜欢的衣服，永远是喜欢的。如果第一眼没看上，即便买回家也往往是压箱底。

短视频也是一样的，要抓住第一眼原则。在进行短视频内容策划的时候，一定要在最开始的几秒钟就能抓住用户的眼球，以便用户可以拿出自己宝贵的时间将短视频完完整整地观看完，并且爱上这样的短视频，爱上短视频内容中植入的产品。因此，第一眼原则很重要。

那么如何才能在第一时间抓住用户的眼球呢？

1. 有价值

无聊、平淡、常见的内容往往不能激起人们继续观看的欲望；没有“营养”、只能博人一笑的内容，往往无法稳定地吸引观众。短视频内容如果能给用户带来更多的价值，使用户在观看过程中能够受益匪浅，才能让用户在第一眼就爱上你的短视频，进而吸引和聚集越来越多的用户和粉丝。

2. 有热度

有热度才有点击量。有热度、有噱头的内容，往往能抓住用户的猎奇心理，并以此吸引用户的眼球，并且能够较长时间保持内容的独特魅力和长久的活力。所以，策划有热度的内容，也是实现第一眼原则的有效手段。

3. 有创新

在策划短视频内容时，还要时刻保持创新意识。老套、千篇一律的内容，让人在长久观看之后产生一种腻烦感，久而久之失去观看热情。而那些融入创新意识的内容，往往能给人一种与众不同的感觉，能快速吸引人们的关注，让人因创新而爱上这样的内容。

总之，短视频领域也是“一寸光阴一寸金”。用户的第一眼原则很重要，直接关系到后续的引流、变现，影响到品牌盈利的多少。在短视频内容策划的时候，注重第一眼原则，很有必要。一定要做到在短视频的前3秒抓住观众，做到“快”“狠”“准”，将鲜明的观点砸向用户，在用户脑海中形成第一印象，达到强转化的目的。

第二节　构建让年轻人嗨起来的内容

当前，我国的“80后”“95后”群体规模已经在总人口中占相当大的规模，他们的娱乐世界是一个“脑洞大开”的世界，只有更加精彩的东西才能满足其“嗨起来”的需求。这也正是短视频能够让年轻人为之疯狂的原因，高互动、快节奏、强带入、有创意、差异化、个性化、多样化的内容，才可以让年轻群体随时随地畅享娱乐。

一、内容多样化，传递更加丰富的内容

在最初的时候，短视频内容发展的标签是“中年社会”“三四线”“风格复杂”“猎奇夸张”“社会人”。如今，随着用户喜好的变化，短视频内容的标签也发生了变化，主要是“年轻时尚”“风格清新”“活力动感”“趣味十足”“优质优品”“可爱宠物”……

然而，无论如何变化，唯一没有变的一点就是内容的多样化，而且多样化程度越来越明显，向用户传递的内容也变得越来越丰富。

通常，短视频内容的形式有以下几种。

1. 视频＋图片混剪展示

这类短视频制作起来非常简单，所需要的资金和技术几乎为零，是所有短视频中最简易的操作。但对视频和图片本身的要求却特别高，画质较差往往难以抓住用户的眼球。这类内容通常适用于商品展示，利用视频素材＋图片的形式向用户介绍产品，在实现成本控制的同时达到了信息高度

传播的目的。

2. 录屏＋解说

这类内容形式往往通过录制操作来展示一些课程或小技巧。通常适用于软件教学以及手机操作等技巧的展示，如介绍绝大多数人不可能熟知或不常用的手机、电脑全部操作，通过这样的视频内容可以为广大用户解决很多手机和电脑使用问题。

3. 人物出镜讲解

这类内容往往向人们传达某种知识，如“查悦社保”“进击课堂”“洪荒学院”等。这类内容适用于知识类讲解或者某知名教授、行业专业人士的知识传授等。

4. 人物访谈

人物访谈类短视频内容，往往采访对象的范围较为宽泛，通常是一个主持人和一个或多个被采访人，通过一问一答的方式来传播内容。更为重要的是这类内容在定位的时候，一定要符合观众的胃口，这样才能保证持续的认同度，并且还要时不时对观众进行有意识的暗示和引导，从而收获不错的播放量，达到引流的目的。典型的例子有“拜托啦学妹”“歪果仁研究学会”等。

5. 创意剧情

这类短视频内容是所有短视频内容形式中成本最高的，需要有几个演员来分饰不同的角色，从而组合成一个剧情。一般这种内容的原创性比较高，一旦被粉丝喜欢，就很容易打响知名度。

“陈翔六点半”就是一个非常典型的例子。“陈翔六点半”就是一种以创意剧情为内容形式的短视频，并且每个短视频中都至少有一个笑点，通过简短的3分钟，让用户在短时间内就能获得身心上的愉悦和放松。

6. 手绘视频或动漫

手绘视频或动漫类内容对品质的要求相对较高，而且制作成本较高、周期较长，要想做好这类内容，需要具备较高的技术含量。这类内容无论对于纯洁天真的小孩还是童心未泯的成人，都十分具有吸引力。

比如“猫咪 domi”，是通过手绘动画的方式来讲故事，俘获了众多少女和小朋友的心；再如“一禅小和尚”，通过动画的方式来阐述人生哲理，无论男女老少都愿意观看，以提升自己的人生观和价值观。

以上六种形式是常见的短视频内容类型，对于不同的品牌商来讲，选择更加适合自己品牌的内容形式来输出价值内容，才能收获更好的营销效果。

二、形式互动化，强互动形成传播强风暴

互动是人与人之间进行社交的一种方式。在短视频大火的时代，短视频承载了更加丰富和立体的信息内容，较以往的图片形式，能更好地展示产品和品牌价值，能更好地满足用户自我表达的需求，更能够通过互动引发人们的社交欲望。短视频内容的强互动形成了品牌传播强风暴。

那么如何在短视频内容中形成用户互动呢？

1. 问答互动

问答互动，通常是在标题中用疑问句或者反问句提问，引起用户关注和回答。这种问答互动方式能够给短视频留下更多的空间，能够有效激起用户的互动，并能在评论区收获较好的互动效果。

例如：“这么做超好吃，你学会了吗？”“你知道其中的原理吗？”……

2. 评论互动

评论互动，顾名思义就是在评论区进行相互评论和交流。当然，在评论区互动的时候，可以回答用户的提问，也可以加入兴趣讨论、追捧、相互研究，让用户在互动的过程中成为你的粉丝，继而愿意主动帮助你分享和传播品牌和产品的相关推广信息。

3. 挑战赛互动

挑战赛互动也是一种常见的互动方式，能够吸引很多人参与互动。借助挑战赛，可以提升用户参与感，引来更多的关注。

御泥坊在电视剧《扶摇》大火之际，联合电视剧《扶摇》独家合作，在剧中植入御泥坊品牌。同时，御泥坊还借助抖音平台发起品牌挑战赛，吸引用户关注与互动。

首先，用《扶摇》的原声营销，紧扣剧情发展，用剧中的水灵镜作为原型，在高度还原剧中情景的同时，还添加了品牌元素，做成古风十足的创意贴纸。而且在贴纸中融入了抖音黑科技，用户只要张开手掌就能像剧中的人物一样施展“御水术”。

其次，还利用音乐反转节点，在用户高度关注的时刻植入产品，加深用户对品牌的印象。

挑战赛一经发布，粉丝群纷纷踊跃互动，在视频评论区好评连连，使品牌随着短视频挑战赛的好感度而瞬间提升。此外，还有很多达人纷纷示范，由此带来了众多不同属性用户的参与，使御泥坊的影响力大幅提升。

总之，与用户之间进行跨界限互动，可以使用户主动参与到内容生产当中，使品牌宣传的短视频内容从原来的 UGC 转变为 PGC；使品牌商和用户之间从最原始的“生产”与“获取”关系逐渐演化为“共同进化”的强互动关系。真正做到了短视频内容从群众中来，到群众中去。

三、内容原创性，深度原创才能深入人心

在当前内容为王的时代，品牌短视频营销更加需要注意内容的打造。要想在同行业的众多短视频营销竞争中赢得一席之地，关键还需要从内容深度原创入手，进行全面布局。

那么如何才能做出原创性内容呢？

第一步：定位。

定位实际上就是给整个原创短视频定基调、定方向，有了方向，才能让整个短视频内容制作的后续工作有章可依、有序可循。定位的时候，可以从以下两个方面入手。

（1）适合

进行短视频内容定位的时候要选择适合自己产品和品牌的内容。

（2）兴趣

有句话说得好："兴趣是最好的老师。"很多时候，感兴趣的东西，往往能做得更好。如果做不感兴趣的内容，人们往往会有一种动力不足的感觉，进而影响原创内容的产出效率和质量。

需要注意的是，内容可定位的类型有很多，但无论何种类型的短视频，内容主题一定要有深度，能够传递正能量、可拓展性强、凸显品牌价值。这样的短视频内容才能受广大短视频用户的欢迎。

第二步：选材。

定位之后的第二步工作就是围绕短视频内容的主题进行选材。在选材的过程中，要注意以下两点。

（1）必须与产品和需求相结合

既然要做品牌和产品宣传的相关短视频，那么内容就必须要与产品和

用户需求相结合，根据产品的调性和价值的不同，进行相关材料的选取。

（2）要有充足的资源

充足的资源能够保证短视频持续输出，还能够让内容制作者在特有的领域进一步拓展开来。

第三步：拍摄。

前期准备工作做完之后，就要进行短视频拍摄。在拍摄的过程中，要选择最佳的角度，使产品以最好的视角呈现给观众。

第四步：剪辑。

拍摄完成之后，接下来的工作就是对视频进行剪辑。短视频通常为5分钟之内。在剪辑的过程中，要根据主题进行拍摄内容的取舍，要注重轻重得当。重要的地方就要增加时长。

第五步：定标。

一个好的短视频内容，还需要一个好的标题来总结和概括，起到画龙点睛的作用。好的标题好比敲门砖，能够在第一时间吸引用户观看。

第六步：配乐。

第七步：背景音乐的选择。

在选择背景音乐的时候，一定要围绕内容的节奏进行。

四、风格创意化，输出出乎意料的“小花招”

狄更斯的《双城记》中有这样一段话：“这是希望之春，这是失望之冬；人们面前拥有一切，人们面前一无所有……”这段话与当前短视频发展行业的现状如出一辙：虽然内容丰富却难敌千篇一律，这样的内容对于盈利是十分不利的。

这样的现状对于品牌商而言，要想借助短视频营销获利，更是十分困难。因为虽然用户“刷到根本停不下来”，但很多时候看完短视频却感觉一无所获，甚至感觉内容千篇一律，毫无新意。久而久之，这些重复率很高的内容，很容易让用户产生审美疲劳。如果品牌商的品牌宣传内容也走“千篇一律的路线”，流量必然无以为继，实现内容变现之路也必然十分不易。

面对这样的情况，品牌商要想有所改变，就只能从内容的创新上入手，给用户输出出乎意料的“小花招”。那么短视频内容的创意从哪里而来呢？

1. 生活中的灵感

很多短视频平台推荐的小视频桥段，都是生活中出现的各种剧情。但这些生活桥段一旦用户看多了，难免会失去完整观看的兴趣，这就要求不但剧情要来源于生活灵感，而且还要能够体现出风格的与众不同。换句话说，不但要接地气，还要在浓郁生活气息中融入创意点，这样的内容会更加有吸引力。

2. 通过不同的角度去切入

每个账号的短视频都有其展现自我特色的内容定位，这样就无疑给内容划定了一个范围。如果想要在这个有限的范围内打造出源源不断的内容，就需要想方设法找不同的切入点，用各种不同的方式去展现一个相同的内容。

例如，“星座大全”推出的内容有“哪个星座最有眼光”“哪个星座会疼人”“哪个星座最容易成为富豪”“2019年最容易脱单的星座”“最讨人喜欢的三大星座”“十二星座代表什么”……这些短视频每一期的内容看似不同，却都是通过不同的切入点来介绍各个星座人的性格特点，都是围绕这一主题进行。

3. 将各种热点结合起来

在很多咨询搜索里都有“搜索热点”排行榜，可以随时了解当下的热门话题，这些话题本身都是自带流量的，人们对其关注度和评论度都很高。所以，可以在对短视频进行内容创新时，通过模仿这些热点内容，或者对这些热门做一个结合、做一个评论。这样的内容既富有创新性，又能赢得巨额流量，一举两得。

4. 巧妙设置反转点

当我们看多了剧情类视频之后，似乎有一种“特异功能”，即看到了剧情的开始，仿佛就已经知道了剧情的结尾。这是因为这样的剧情往往太过平铺直叙，没有惊喜、没有起伏跌宕。久而久之，这样的内容是很难吸引用户长时间关注的。但如果在一开始就故意出现一些不合常理或者能够引起用户误会的镜头，然后再通过后面的故事去解释。换句话说，就是欲扬先抑或者欲抑先扬，这样的翻转剧情，往往让人出乎意料，能够给用户带来一种新奇的感觉。

5. 多场景布局

对于同样的主题，不仅可以多角度去切入，还可以从多场景去布局。用不同的场景来衬托视频内容，同样能给人耳目一新的感觉。

小米有一款Redmi系列手机，在小米手机内部称为“小金刚”，为了测试这款手机的品质是否真的能配得上“小金刚”的称号，拍摄了以下几种场景进行测试：

场景一：在室外，碾压测试。将手机放在马路上，让一辆玩具小车从“小金刚”身上碾过，但这款手机依旧完好无损，使用不受任何影响。

场景二：在室内，高跟鞋踩踏测试（图5-1）。有一位女士在商场穿着高跟鞋，用受力点不同的高跟鞋踩在手机上，手机屏幕依然完好如初。

场景三：在室内，进行划痕测试。将手机放在桌子上，有人直接在手机屏幕上切水果，结果切完之后，手机依然“杠杠的”。

图 5–1　高跟鞋踩踏测试

图 5–2　拍西瓜测试

场景四：在室内，拍西瓜测试（图 5–2）。将一个大西瓜放在桌子上，拿起小米手机在西瓜上使劲拍，结果西瓜硬生生地被手机拍成了两半，而此时的“小金刚”依然品质“杠杠的”。

以上这些仅仅是小米手机“小金刚”品质测试多元化场景中选取的几个场景，虽然都是为了向消费者证明这款手机品质“杠杠的”，但不同的极具创意的场景却不会让用户产生视觉疲劳。

总而言之，短视频内容来自生活，却可以在其基础上进行进一步升华和改变以实现创新，但创新并不意味着要脱离实际，否则这样的创意很容易被用户所厌恶。

五、内容可持续化，有效增强用户黏性

好的内容才更加便于传播，但好的内容并不是发布一次就能获得理想的流量并变现的。只有保证持续的内容更新，才能留住用户，实现用户向粉丝的转化。持续的内容输出，能够有效增强用户黏性，这是每一个品牌商开展营销活动的终极追求。

那么如何能保证内容持续输出呢？

1. 看同行优秀账号

优秀同行是最好的老师。任何行业都有很多优秀的同行，所以运营人员要多看一些同行业中的优质短视频。运营人员至少要关注 20 个同行，看他们每天在拍什么题材，播放量、点赞量如何。遇到爆款视频，要思考其成为爆款的原因：是标题出彩？还是内容精彩？优秀作品，必定有很多地方是值得我们学习和借鉴的，将这些优秀作品的优秀之处融入自己的短视频内容中，能够有效提升短视频内容品质。

2. 看评论

评论区中，对用户和粉丝的观点、话题、提问等进行回复，可以让用户和粉丝觉得你十分重视他们。很多时候，评论区中的内容往往能够折射出用户和粉丝的所思所想，能挖掘出他们想看内容的类型。因此，评论区的评论内容往往是短视频内容中可以加以应用的很好的素材。

“美食作家王刚”经常在短视频平台上发布一些美食制作教程，而且各种教程都是在手把手地教每一位用户，让每位用户除了能够从中学到各种美味佳肴的制作方法，还能学到各种切菜技巧和手法，深受广大网友的喜爱。也有很多网友成为其粉丝，在评论区积极互动。但很多时候，评论

区会有人提议想学习到自己喜欢的菜肴的制作技巧（图 5-3）。而这些内容往往是用户想看的，就是能够保证短视频内容持续输出的素材。

图 5-3　“美食作家王刚”短视频评论

当然，看评论不仅可以看自己的短视频评论，也可以看同行短视频的评论区，不能因为与同行有竞争关系，就对同行的一切都加以排斥。只要有好的东西，都是值得我们去学习的。要记住一句话：同行是我们最好的老师。

第六章
引流变现：有流量，才有财富

短视频营销的重点在于引流和变现，有流量，才有财富。没有流量和变现的营销活动是苍白的，是没有仼何意义和价值的。因此，圈粉、抢流量、加速成交，是运营人员必学的终极课程。然而，开展短视频营销活动，还需要掌握一定的引流、变现技巧，才能达到更好的营销效果。

第一节　硬性引流变现技巧

引流、变现的方法有很多，硬性引流是实现变现的一种常见方式。

所谓“硬性引流”，顾名思义，就是在短视频中直接植入个人的微信账号、公众账号、二维码、店铺名称等，让用户看到后添加好友，使用户产生购买行为。这种方法的特点是简单、直接。虽然有的短视频平台在审核的时候不是特别严格，但这种直接硬性插入广告的短视频还是很难存活的。先不考虑平台是否会检测到，有时候还会被用户举报，这样做的结果往往是得不偿失。

常见的硬性引流实现变现的方法有两种：一种是视频中贴二维码或出现公众号、店铺名称；另一种是视频中演员提到公众号、店铺名称。

一、视频中贴微信号、二维码、公众号、店铺名称

在短视频中经常出现的硬性引流方式，就是将微信号、二维码、公众号贴在画面中，这是一种最直接的导流方法。常见的有以下两种方式。

1. 视频即将播放完时贴出

通常微信号、二维码、公众号、店铺名称等会在短视频即将播放完的时候出现。但这样做的缺点是：很多时候用户能够全部看完视频的概率并不是很高，不能保证每个用户都能看到。这样一来，贴出的微信号、公众号、店铺名称等就没有想象中的强曝光度。因此，这种引流方法是有一定要求的，即用户观看视频的完成度要非常高。

2. 整个视频中出现二维码

另一种常见的视频粘贴引流方式，是在整段视频中都会贴上二维码，位置通常在视频的右下角。这样就能避免二维码放到结尾处而难以让所有用户都看到的情况。这种方法与第一种相比，二维码能够被用户看到的概率会更大一些。

“好奇实验室”是一档求证、调查类短视频栏目，经常会在短视频播放过程中，在其侧后方的电视屏幕上贴上相关的二维码（图 6-1），为相关的品牌和商家引流。

图 6-1　“好奇实验室”短视频中的二维码

这种贴微信号、公众号、二维码、店铺名称的方式，能够更加直观地引起用户的注意，尤其是贴二维码的形式，更便于用户扫码关注。

二、视频中演员提到公众号、店铺名

在硬性引流的方式中，还有一种常见的方式就是短视频中的演员通过“口播”的方式提到公众号。这种方式虽然也是硬性引流，但较之前讲到的在短视频中贴微信号、公众号、二维码、店铺名称来说更加委婉，没有那么生硬。

“唐唐说电影”中，主人公“唐唐”往往会在讲这期的主要内容之前，说一句“还没有关注唐唐微信公众号的小伙伴，可以扫码或者搜索微信号×××，么么哒”（图6–2）。简单中透着亲切，委婉地让对唐唐感兴趣的朋友去关注其公众号。这样的方式对于用户来说，比较易于接受。

图6–2　“唐唐说电影”短视频

第二节　活动引流变现技巧

活动引流，顾名思义，就是通过短视频告诉用户，如果关注公众号就会有一些活动可以参加，或者可以获得一些福利，如奖品、红包等，设置这些福利的目的就是提升用户参加活动的积极性，通过引流达到变现的目的。

一、关注公众号有奖

关注公众号有奖，这种是早期最常用的一种引流变现方式。凡是关注公众号的用户，都能收到小礼物、发放的红包等。这种方式主要是通过小礼物和红包等来吸引用户的关注。在形式上有些像地推的扫码送礼物。

但是，这种方式的引流和变现效果并不理想。因为用户很可能关注公众号的目的就只是小礼物和红包，并不能证明其重视度高不高，甚至有些人在拿到小礼物或者红包之后，立刻就会取消关注，并不会进一步搜索店铺去购买相关产品。因此，在采用这种形式进行引流和变现的时候，一定要有心理准备，小礼物和红包很可能会打了水漂，并不能真正达到引流和变现的目的。

二、评论有奖活动

对短视频进行评论，可以参加抽奖活动，而且抽奖名单会在公众号里公布。这种方法能够起到两方面的作用。

1. 提高用户的互动度

互动度对于短视频来讲是非常重要的，而衡量互动度的高低，可以从用户对短视频的关注度、点赞量、转发量、评论量等方面进行综合判断。而借助评论有奖活动进行引流的方式，实际上是最可靠的引流和变现方式。因为用户点赞和转发，很多时候是因为他们对内容本身感兴趣而产生的行为，他们能够拿出自己的宝贵时间在评论区参与评论互动，则意味着用户对短视频的兴趣已经进一步升华，从原本的路人转化为了粉丝。这样对于品牌商来讲，才是真正地达到了吸粉和提升销量的目的。

2. 有效实现引流和销售转化

实现引流和销售的转化，是开展评论有奖活动的主要目的。因此，将抽奖名单公布在公众号里，用户一方面会为了幸运感而添加公众号，另一方面会被一些小福利而诱惑，主动添加公众号。这样就能够很好地达到引流和变现的目的。

三、关注公众号后可以参加比赛

有的时候，一些短视频栏目会组织一些活动，但并不是每位用户都有参与活动的资格。因此就设定一些小门槛，在短视频内容中传输活动内容的时候，就会提出要求：凡是关注本段视频栏目公众号的用户才可以参与比赛。

这种转化方式与在公众号抽奖的方式大同小异，只是形式上有所不同，能够吸引一些活跃度高的用户，并且举办的比赛活动也是与本段视频栏目相关的。不同的是，这种方式与抽奖活动相比，可能在转化量上稍微欠缺一些，但是这种做法没有任何利益诱惑，正是对用户的忠诚度和活跃度的一种考验，凡是能关注公众号之后参加比赛的用户，都是忠诚度和活跃度相对较高的忠实粉丝，而且其销售转化率也是较高的。

第三节　内容引流变现技巧

内容是短视频营销的重要一环，也是一种很好的引流变现方式。然而，要想用内容留住用户，并让其主动转化为粉丝，促成用户的购买行为，就需要在内容打造上狠下功夫。任何时候，投其所好都是一个让人喜欢的重要方法，做短视频内容同样是这个道理。

当前，内容的同质化现象极为严重，千篇一律的内容往往让用户产生视觉疲劳、感到乏味不堪，使很多用户和粉丝因此而流失。这就要求在短视内容上进行创新的同时，还要采取一些必要的手段，以达到引流变现的目的。更重要的是，这种利用精彩内容吸引用户关注公众号的方式，与硬性引流变现相比，所吸引的流量更加精准，而且变现效果会更好一些。

一、优质内容+购物车、店铺

优质内容是一条短视频实现引流的必要条件，没有好的内容，是没有人愿意观看的，更不会获得理想的流量和销量。

然而，在优质内容中有相关产品出现，却没有渠道进行引流和变现，无疑是在做无用功。很多短视频平台，如抖音、陌陌这样的平台，会有一个“购物车”“橱窗”功能，如快手有一个“快手小店”功能（图 6–3、图 6–4）。这些平台上线的这些功能，有效促进了用户转粉并产生购买行为。

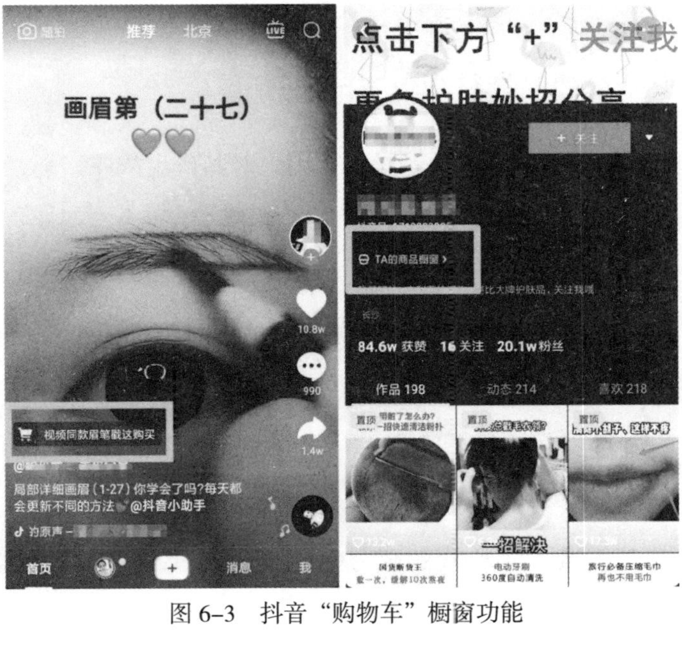

图 6–3　抖音“购物车”橱窗功能

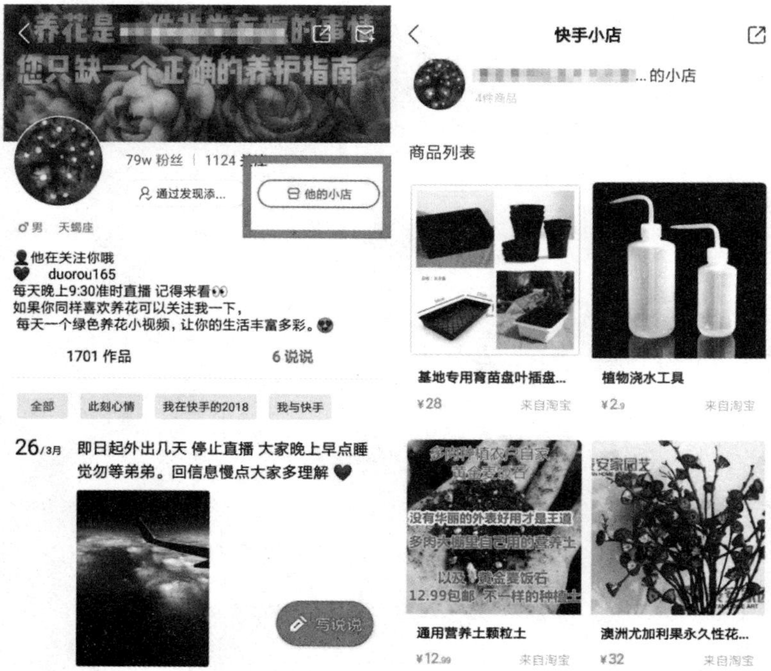

图 6–4　“快手小店”功能

二、关注公众号观看完整内容

有不少短视频的内容十分精彩，在用户对其产生浓厚兴趣，激起了用户急切了解后续剧情的热情时，运营人员可以将播放内容就此打住，并且提示“关注公众号观看完整内容”。

这种做法往往吊足了用户的胃口，在关键时刻让内容戛然而止，用户往往会因为渴求心理和好奇心理而去主动关注公众号。而且这种方式所引来的流量，往往转化率较高，用户黏性较强。但需要注意的是，这种方法有时候会给用户造成一定观看体验上的细微伤害，所以，对于一些还没有积攒太多粉丝的账号来讲，还是建议不要轻易尝试这种方式。

如下图所示是一条揭开“微信付款码被盗用后的秘密”的短视频，在揭晓答案的关键时刻，打出了“要想知道微信付款码被盗背后的秘密，大家可以关注 ××× 的微信公众号”的字幕。

三、关注公众号获取相关信息

有的短视频中，推出关注公众号就能获取相关信息的字幕，如分享拍摄视频时的花絮、分享一些小知识等，这样做同样是为了吸引用户关注公众号，进而达到产品售出的目的。这种方法是利用相关信息的转化。还可以在视频中出现了某款商品时，推出关注公众号获取的方法，进而一步步引导用户进入店铺产生购买行为。如果用户对于这类信息十分感兴趣，并喜欢上这类信息的周边产品，就会十分欣喜地做出购买行为。这种方式其实是一种“先免费，后付费”的引流变现技巧。

例如，“黑马公社”主要是与用户分享一些 IT 小知识，其中有一期是向用户介绍一款酷炫的手机壁纸，可以让手机的 Dock 栏（手机系统自带任务栏）消失。当然，酷炫的壁纸实在让人想要拥有，但“黑马公社”却没有让用户顺利取得，而是专门设置了一个小门槛——“别急，要想获取这些壁纸，那么大家可以关注黑马公社微信公众号”。

这种做法作为一种简单的引流技巧还是挺实用的，将引流与短视频内容很好地结合起来。然而，这种方法之所以能够戳中用户的痛点，完全是利用了广大用户的猎奇心理。

第四节　其他引流变现技巧

除了硬性引流变现技巧、活动引流变现技巧、内容引流变现技巧之外，还有其他类型的引流变现方式，如构建公众号矩阵、公众号与短视频账号名称相同两种方式。

一、构建公众号矩阵

想要提升短视频的曝光量，并以此获得更多的流量，可以通过其他公众号进行转发。当短视频栏目的规模越做越大时，可以打造公众号矩阵。

如果品牌商主要是通过短视频的方式讲述与科技相关的内容，而这些内容可以细分为手机、计算机、黑科技等，这样就可以打造众多相关的公众号，并围绕某一核心内容分出相应的分支，以形成公众号矩阵的效果，并且公众号与公众号之间可以相互转发内容。利用分支公众号的力量合力去转发短视频所获得的流量以及销量，这样做的成效要远大于单个公众号单打独斗所获得的成效。

二、公众号与短视频账号名称相同

公众号与短视频账号名称相同，更加有利于用户通过查找的方式使公众号与短视频账号名称对应。因为很多时候，用户成为一个自媒体平台的粉丝之后，再向另一个自媒体平台跳跃，是需要很强的动力的。

如果用户喜欢短视频平台上的某一品牌商账号，想在微信公众号中找到这一品牌商，一旦短视频账号名称与公众号账号名称有所差异，用户搜索的时候就很难精确找到自己想要的账号。不但不利于用户进行精准查找，而且还会增加用户关注品牌商的成本，一旦用户找了几次都失败，就会产生挫败感，最终不得不选择放弃。显然，这样非常不利于用户向粉丝的转化，降低了引流和变现的效果。

在短视频领域，知名的“一条”“二更”就深谙这个道理，因此，其短视频账号名称和公众号名称是一致的（图 6–5）。这样做，用户在从短视频向公众号迁移的时候就会非常便捷。

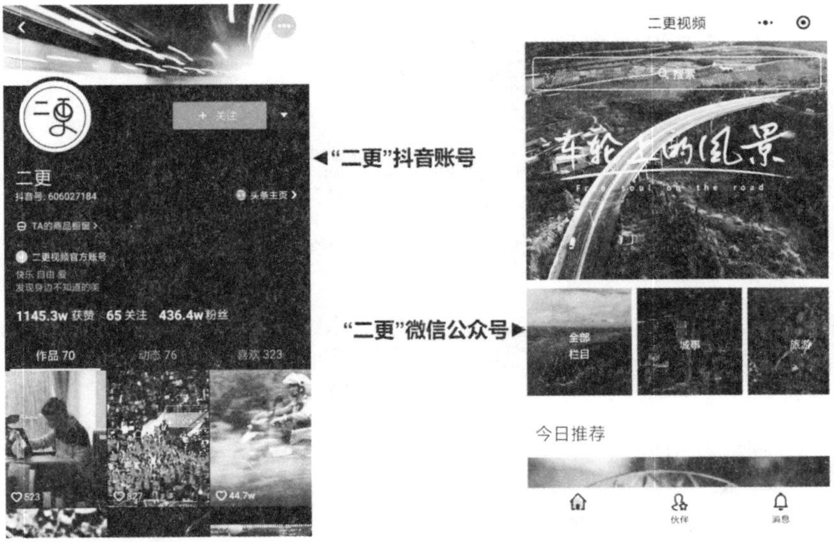

图 6–5　“二更”抖音账号与微信公众号

短视频营销，无论是制作优良的内容，还是制订高效的营销策略，其最终的目的都是实现引流和变现。要知道，有引流和变现能力的营销活动才具有生命力。否则之前所做的一切都是无用功。有效的引流、变现技巧，是每个运营人员需要重视的。

第七章
营销策略：
品牌商盈利暴涨的修炼之法

短视频领域的发展热度只增不减，越来越多的品牌开始意识到短视频领域中所蕴含的诸多红利。然而，要想实现盈利暴涨，品牌商还需要掌握更加有效的营销技巧和策略方法，才能为品牌带来源源不断的收入。

第一节　制订营销方案，让品牌营销更有意义

一场成功的营销活动，必定要按照营销方案进行。很多成功的营销活动，都需要将创意策略成功传递出来，让付出的努力更有价值。

营销一定要有策略性，营销方案是对营销策略执行的一种规范和指导。有创意的营销方案，才更能打动用户，让用户情不自禁转化为粉丝，产生购买行为。因此，制订营销方案，让品牌营销更有意义，是短视频运营团队需要考虑的重要部分。

一、短视频营销目标要清晰

营销方案的制订，并不是想当然就可以随意罗列的，而是要进行反复的市场调查，对自己进行拷问，由此才能有针对性地制订出更加符合品牌发展、能够最大限度变现的营销方案。

因此，制订短视频营销方案，首先要做的就是制订一个清晰、准确的营销目标。然而很多人将自己的营销目标定为：获得多少转发、播放、评论；赢得多少市场份额；超越哪些竞争对手；多长时间内在全国范围内打响知名度等。然而这些目标实际上都是运营人员的“目标愿望”，却不能指导任何工作的展开。相反，我们应当站在消费者的角度，分析消费者是否会因为自己的短视频内容而感动，是否会为这样的内容而埋单，以此作为营销目标。

要想制订清晰的营销目标，一定要对自己提出以下三个问题。

1. 调查分析

调查分析的目的是要弄清楚用户在以往会选择什么样的内容去关注。

2. 归因

归因是要准确找到用户不喜欢观看自己打造的短视频的原因。

3. 找到目标

找到目标，即要明确自己的短视频应该说什么、做什么，才能让他们主动改变和放弃原有的认知、习惯，从而去关注自己的短视频，选择购买自己的产品。

其实，找到目标，就是找到一个给用户选择观看你的短视频、购买你的产品的理由。而这个理由可以是：将品牌信息通过短视频的形式植入用户记忆当中，让用户在有相关需求的时候优先选择购买你的产品；短视频内容直击用户的痛点，促使用户选择你的产品；短视频画面绑定某个场景，激发用户对品牌的记忆。这三个方面才是指导运营人员有效开展营销工作、实现“目标愿望”的关键。

二、定位账号名称

一个品牌，要想借助短视频打造好的 IP，就需要有一个简单而响亮的名字。有爆发力的账号名称，能让人一看就为之“颤抖”，让人产生一种强大的震撼感，知道账号想要传播的是什么内容。可以说；一个好的账号名称，直接决定目标人群、涨粉速度、变现方式、引流效果、赚钱多少。

通常，账号名称分为三大类。

1. 行业账号

行业账号名称可以为品牌商奠定一定的行业地位，让用户在看到名称的时候，就知道短视频内容所涉及的行业。

例如，“厨艺美食”“墙匠手绘油画设计”“时尚穿搭”。

2. 专家账号

专家账号名称可以为品牌商奠定一定的专家地位。用户在看到专家账号名称之后，就知道短视频想要传达的是哪些专业方面的知识和内容。

例如，“美食作家 ×××”“马甲六网络”“老爸测评”。

3. 企业账号

企业账号名称可以为品牌商奠定一定的企业地位。这类账号名称能够让用户清晰地感受到短视频内容中呈现的是哪个企业的相关内容。

例如，“小米科技”“××× 养殖基地”“××× 花艺培训学校”“×× 公司”。

总之，账号名称定位一定要本着简单、有趣、实用的方向进行。太过复杂，不容易让用户记住；太过呆板，用户会感觉枯燥；太过空洞，用户会感觉没有价值。至于你究竟适合哪种类型、哪种方向，还需要看品牌商自身的特点。最重要的是，一定要注意短视频账号名称的垂直性，账号越垂直，越能吸引精准人群，引流和变现效果就越好。

三、用让人眼前一亮的头像

头像设置也是一个必要的环节。与文字相比，图像的形式能给人在视觉上带来更强的冲击力。可以说，头像的形式可以反映出短视频内容诠释的方向。用对头像，不仅能给人眼前一亮的感觉，还能有效吸引垂直领域的粉丝。

那么如何才能做好头像设置呢？

1. 做好头像的选择

进行头像设置的时候，可以选择美工专业制作的图文 LOGO 或者直接用真人头像、用产品作为头像、商铺作为头像。需要注意的是，图文 LOGO 一定要简单、上档次；产品做头像，一定要将产品打造成纯净版图片，作为头像使用；商铺一定要有特色。

尤其是选择真人头像时，一定要有颜值、有创意，最好使用自己的照片，且照片要尽量清晰，尽量用近照。且如果是女性，则适当化淡妆，发型要适当打理，背景要干净。总之，要体现出自己简洁、大方、美好的一面，这样更容易让人记住。

2. 做好颜色的搭配

人是一种高度敏锐的视觉动物，对于色彩、形状都有强烈的视觉感。因此，在设置头像的时候，一定要注意颜色的搭配使用。通常，人的视觉对红、黄、蓝等颜色比较敏感，可以考虑使用这种颜色来制作头像的背景，比如一些有意思的视频中头像是黄色的梨子，很容易让人记住。

一言以蔽之，头像就好比人的脸面，“脸面”美观、大方、有特点才容易印刻在别人的眼中，形成记忆。

四、做与众不同的内容

短视频领域，内容产业的崛起，使民间高手入局，这样就对品牌商的内容制作提出了更高的要求。从内容消费来看，如今用户对内容消费的需求在逐步提升，如法炮制的内容毫无新意，难以激起用户观看热情，转化率低则更是不言而喻。

那么，什么样的内容才能算是与众不同的内容呢？

1. 具有人格特征

最能彰显与众不同的短视频内容，必定是具有鲜明人格特征的内容。一个品牌的宣传短视频，如果经过细致打磨后被拟人化，那么这个短视频就因为品牌的人格化特点而受到粉丝的追捧、点赞、打赏。

Papi酱因为其自己给自己的定位是：集美貌与才华于一身。这个鲜明的特征，也是Papi酱能够被用户记住的一个重要原因。

当然，不止一个人的容貌与智慧可以成为短视频的鲜明特征，画风、声音、特效、口头禅等都可以作为人格特征展现在短视频中，成为短视频的标签。让人一听到这样的声音、口头禅，一看到这样的画风、特效，就会立刻想到是你打造的短视频内容。

短视频中大多数播主都是有颜值的俊男靓女，然而“@陆超”虽然没有高颜值，但是陆超在各种场合说话都必带“真好”两个字，给广大用户带来了欢乐。比如“地铁上没人真好”“今天给妈妈打电话了，真好”……

所以，陆超的这种与众不同的“真好”口头禅还被广大用户竞相模仿，并带动了一大波“陆超体”的出现。

2. 富有创新性

富有创新性的内容，是让短视频能够与众不同、更有新意的重要法宝之一。千篇一律的内容往往给人一种单调、枯燥感，如果不能持续给内容注入新鲜的活力，久而久之，势必会让粉丝流失。而那些富有创新意性的内容往往能够激起更多用户的关注，进而吸引更多的用户转化为粉丝。当然，一些好玩的、有趣的、新颖的内容则会使粉丝主动分享给具有相同兴趣、爱好的圈内好友。这样的粉丝已经不再是单纯的粉丝了，而是成为品牌商的免费内容传播者，在其圈内好友中形成了二次传播。在一定程度上增加了产品和品牌传播的扩散速度，同时提升了聚粉效率，可以大幅提升变现效率。

3. 富有稀缺性

千篇一律的内容往往很难深入人心，而具有稀缺性的爆款内容，却可以成为一种品牌名片和标签。这将使品牌商能够在当前短视频营销“火拼”的竞争局势中脱颖而出，并展现出属于自己品牌的独特性，包括我们是谁、我们代表什么、我们能够给用户传递什么样的信息。更重要的是，这些稀缺性爆款内容已经代表了一种精神。由此，这些富有价值的内容传递给用户之后，就会让人无法忘怀。这也正是短视频内容的灵魂所在。

总之，加速内容化战略，是短视频营销发展的重要方向。内容与众不同，就像是一剂强效催化剂，能有效提升流量和销量的转化。

五、“甩”干货，给用户有价值的东西

每个人的时间都是宝贵的，如果内容冗长、毫无意义，对于用户来讲，无异于“谋财害命”，用户自然不会花更多的时间对这样的内容“埋单”，往往看两秒后就会退出播放。然而，那些有干货、有操作步骤的内容，能够让用户一学就会的操作方法，却是用户非常喜爱的。这样的内容往往能很好地抓住用户的眼球。

干货本身是日常生活中说的可以吃的那种干果之类的东西。而这里的“干货”却有着大不相同的意思。网络中的“干货”泛指不含水分的精华类知识、课程、经验分享等。短视频中将这些与人们生活中息息相关的干货类知识进行分享，不掺杂任何“杂质”，这样的内容才更受用户的青睐。

1. 有价值的干货

那么，什么样的内容才能称为干货内容呢？

（1）专业化的内容

社会有分工，术业有专攻。做短视频营销同样如此。专业化的内容，往往更加具有针对性，能给用户带来更加有价值的东西，能让用户从中学到很多，能受到用户更多的点赞、评论和转发。

比如，语言学习、时尚穿搭、美食做法步骤讲解等，这些专业性强的内容，利用短视频能够在短短的几分钟内高效地传达给用户，让用户从中受益。

（2）实用性的内容

有干货的短视频内容，首先就要有料，换句话说，就要有较强的实用性，这也是为广大用户带来良好观看体验的重要因素。

具有实用性的东西是没有人会拒绝接受的。尤其是能实实在在为用户解决生活中遇到的困扰、难题、痛点等的实用性内容，更是用户喜欢、愿意完整观看并转发分享的内容。

（3）逻辑性强的内容

简单、粗暴、逻辑混乱的短视频内容，虽然有干货，但却让短视频的整体品位降到了低谷，这样的品牌短视频营销是没有前景的，更不用谈“钱景”。短视频营销要想进入良性循环状态，首先就要想方设法留住用户，而让用户主动贡献高品质内容，并吸引用户的持续深度参与，除了有干货之外，还必须保证自己“甩出”的干货要有强逻辑性，用户在观看的时候会感觉到这样的干货思维清晰、有条理，能够获得更好的观看体验。这一点对于促使用户积极点赞、评论和转发也是至关重要的。

（4）信息密度较高的内容

一条短视频，蕴含的干货内容，必定是能够为用户呈现较多信息的内容。然而，信息内容的密度却与用户对内容的观看完整度息息相关，二者之间看似是正向线性关系，但却存在一个阈值，如图 7–1 所示。经常善于从优质、爆款短视频内容中“取经”和总结的人会发现，有时候，短视频播放的完整度差并不仅是因为短视频内容质量差，也可能是因为它的信息密度太高的结果。

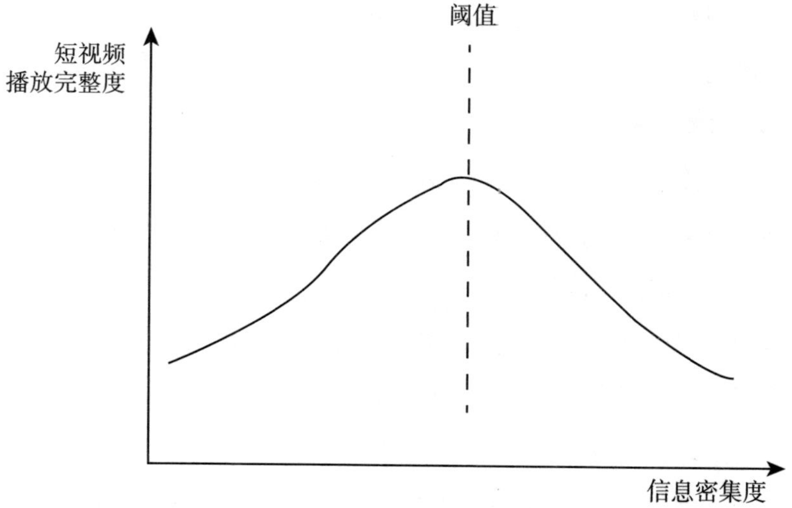

图 7–1　短视频信息密集度变化

如果短视频给出的知识点太过繁杂、密集，太过晦涩、难理解，用词太过刁钻和专业，信息密度一旦超过这个阈值，其完整播放量就会降低，与信息密度反而呈反比关系。

2. 干货内容注意事项

在向用户“甩”干货的时候，应当注意以下几个方面。

（1）减少认知陷阱

很多时候，运营人员会想当然地认为用户与其具有相同的专业背景知识，因此在向用户“甩”干货的时候，就直接跳过了用户理解的过程，将更高层次的知识传递给用户，结果用户却难以看懂和理解。这样的做法实际上就是运营人员给用户制造了一个认知陷阱。

因此，在制作短视频干货内容的时候，一定要降低干货内容的难度，该解释说明就解释说明，尽量减少认知陷阱。

（2）“说人话”

不少短视频内容在“甩”干货的时候，为了彰显内容的“高级感”，就用一些生僻、晦涩的词汇来向用户讲解。而这些对于用户来讲，虽然看似深奥，但却难以理解，超出了用户的理解范围，反而得不偿失，容易造成用户流失。

（3）多使用短句

短小精悍的句子，更加简洁明了，易于被用户接受。同时还能产生节奏感和张力，让用户在观看的时候感觉更加舒适。

（4）为用户提供谈资

能为用户提供谈资的干货，才是干货内容的最高境界。这样的内容更能激发用户去主动分享给他人，便于品牌和产品的传播。

总的来说，就算是做短视频干货内容，也不能使信息密集程度高于用户的接受程度，而且在语言和句式上也要有所控制，过于晦涩和复杂的干货内容，反而不易被用户接受，会严重打击用户的观看热情，使用户难以继续观看下去。

第二节　品牌短视频营销实战技巧

很多做短视频营销的品牌商会产生这样的困惑：既然短视频内容的打造十分重要，我已经制作出了更加符合用户习惯、符合用户认知、满足用户需求的内容，但是我应当如何将其推广出去呢？掌握短视频营销实战技巧，则能够有效解决推广过程中的难点，帮助品牌商获得最佳的营销效果。

一、广告植入多元化，埋下变现种子

品牌商借助短视频开展营销活动，品牌植入是关键。然而，广告植入也是需要一定的技巧和方法的，毕竟用户不是冲着广告来看短视频的。因此，即便有再好的内容，也难敌频繁植入广告给用户的视觉体验带来的伤害，最终导致用户的流失。

那么对于运营人员来讲，如何通过合理的广告植入方式，为用户埋下产品变现的种子呢？

1. 台词植入

很多短视频中，不但要演员演，还要演员说。此时，可以运用台词植入的方式，将产品很好地融入短视频中。

所谓“台词植入”，顾名思义，就是通过演员之口将品牌或产品名称、特点等用更加直白的方式传达给观众。这种方式非常直接，也很容易得到观众的品牌认同。

但需要注意的是，在借助台词植入品牌和产品的时候，植入的广告台词和剧情台词一定要衔接恰当、自然，不要给人强行插入的感觉，否则会让用户反感。

Papi酱经常喜欢用这种台词植入的方式来为品牌和产品做宣传。这种方式不但延展了短视频的故事性，而且还恰如其分地为产品做了一场精彩的宣传，让人难以忘怀，可谓“一箭双雕”。对于观众而言，因为广告植入得自然、流畅，而不会对这样的内容感觉厌恶和反感，反而还会觉得趣味十足。

2. 道具植入

道具植入，就是将产品作为一种道具，呈现在视频画面当中。很多短视频在进行品牌宣传的时候会采取这种植入方式，但作为一种道具，如果在画面中出现的次数太过频繁，或者太多特写的话，就会喧宾夺主，让人一看就是在为这件产品做广告，令人反感。

3. 场景植入

场景植入与道具植入相似，却又不同。场景植入的方式是将品牌产品作为场景背景进行布置，通过故事的逻辑线条使品牌能够自然而然地呈现给观众。

例如，一个短视频剧情中，朋友买了一堆食材来家里做客，然后看到主人家的冰箱，边打开边念叨："你家这个冰箱，功能还挺全，还是干湿分离的，像水果、牛奶之类的可以放在这个湿区里，面包、茶叶之类的可以放在这个干区里，太实用了。"

这种场景植入的方式，很好地突出了这款冰箱的干湿分储功能，而且自然而然地融入了剧情中，让观众不会因为植入广告而产生突兀感，同时还能很好地记住产品。

4. 奖品植入

奖品植入，即在短视频中将产品以奖品发放的形式呈现给观众，这样的优点是能够很好地引起用户的关注、转发和评论，并让更多的人在有意无意间注意到产品的存在。

这种方法其实在品牌植入过程中非常普遍，也是很多短视频营销惯用的广告植入方式。

例如，向观众发放某个店铺的优惠券、某件产品的代金券等，甚至直接将产品作为礼品送到幸运观众家中。

当然，还可以在优质内容中设计一些参与性极强的互动和讨论方式，将品牌产品的相关信息通过潜移默化的方式在互动和讨论中植入，以达到很好的品牌宣传的作用。另外，在植入广告的过程中，一定要注意好玩、有用，满足这两点，才会吸引用户积极参与互动和讨论。随着时间和频率的增加，产品的相关信息会逐渐渗入每位用户的心里，让他们逐渐爱上你的产品。

二、找到一个能引爆用户群的“社交话题”

短视频营销，其本质上是社交营销基础上进行的一次迭代和升级。其核心还在于与用户之间的互动。因此，那些“自说自话”的内容是短视频营销最为忌讳的。

品牌商要想成功打响一场短视频营销战役，就需要找到一个能引爆用户群的“社交话题”。让用户在话题讨论中逐渐熟识品牌和产品，并愿意为之做出购买行为。这才是制订短视频营销策略的第一要务。

那么，什么样的话题是能引爆用户群的“社交话题”呢？

1. 用户关切的问题

只有用户最关切的事情，才能激起用户关注和讨论热情。所以，打造“社交话题”，还需要围绕用户最关切的问题进行设计。因此，在录制的时候，要根据用户关心的问题进行一一回答或示范。这样就能吸引有同样问题的人群，并且能够激起其自主转发的欲望，在与别人通过转发的形式进行社交的过程中，就将品牌二次宣传工作完成了。

2. 当下的热门话题

人们的话题是在一定时间内、一定范围内人们最为关心的，也是人与人之间社交过程中聊得最多的话题。热门话题是短视频营销领域中永不褪色的话题，更是能激起人们强烈的讨论热情的话题。

热门话题通常可以是国际、国内新近发生的重点要闻，也可以是人们关注的社会现象、新鲜事物，更可以是好人好事好风尚……因此，短视频内容可以选取单人脱口秀的方式来“吐槽”时下的热门话题。需要注意的是，“吐槽”的观点一定要新颖、有说服力，同时还要有一定的留白，让用户能够尽情表达不同的观点和看法。如果你把所有的观点都说了，用户也就没有表达自我、进行互动讨论的机会了。

3. 有争议的话题

做好的内容、能引爆用户群“社交话题”的内容，其突破点在于有争议性。有争议的话题，其实就是针对一个话题，不同的人持有不同的观点，无论哪种观点都不能判断其是非对错。持有不同观点的人经常会引发话题讨论，以证明自己的观点是正确的。在讨论的过程中，这个有争议性的话题内容，就已经借助社交分享的手段引发了扩散和传播，实现了引爆更多用户群的目的。

当前短视频营销时代，好的短视频运营者，一定要懂得借助“社交话题”开启话题互动，为短视频聚集人气，以达到增加关注度和引流的目的。

三、利用“红人资源”搭建情感纽带

短视频营销如何能够开辟出最契合品牌调性的内容、为品牌带来更多新客？更重要的是，如何能够将品牌与新客之间建立起强关系？这是短视频营销取得成功的关键。

“红人”身上往往自带“信任”关系链，寻找与品牌契合度最高的红人资源融入短视频拍摄过程，可以将品牌的曝光量无限增大，吸引目标消费者关注。这种通过“红人”为品牌和用户之间搭建情感纽带的方式，能够为品牌提升影响力，提升用户与品牌之间的契合度，能加速实现品牌的大范围传播。

那么，可以利用的“红人资源”有哪些呢？

1. 意见领袖

意见领袖即为一个群体里，在某方面具有特殊技能、知识以及其他特质，因而成为群众眼中的权威人士，为群众所信任或接受，进而对群众的购买行为能够产生极大影响的人。换句话说，意见领袖对品牌传播信息具有概括加工和解释功能、扩散与传播功能，对于群众而言具有支配和引导功能、协调或干扰功能。意见领袖在带货方面具有十分强大的能力，同时，在引导用户与品牌建立情感关系方面的能力也不容小觑。

2. 网络红人

当前，短视频平台在国内外的发展前景都很好。我国的知名网络红人有：冯提莫、“办公室小野”、李子柒等，她们不但在国内视频领域知名度很高，在国外的短视频平台上活跃度也很高，深受粉丝的喜爱。

以“办公室小野”为例。以脑洞大开、做法清奇著称的短视频红人“办公室小野”，凭借饮水机煮火锅、针织方便面、主机箱摊煎饼等前所未有的吃货风格在美食短视频领域风靡全球，甚至被粉丝们亲切地称为“国际野”。此前，“小野”因为其出色的内容而收获规模巨大的粉丝，连续两次以唯一获邀的中国内地 YouTuber 身份参加了我国香港举办的 YouTube FANFEST，并荣获 2018 年 YouTube 颁发的“金色百万粉丝奖”。

此外，“办公室小野”还来到韩国首尔，与全球各地的视频达人、网络红人、粉丝以及 YouTube 等网络视频商一同参加全球 YouTube 短视频达人的年度盛宴。能够参加这么盛大的活动，充分证明了“办公室小野”已经成为短视频领域的一名不折不扣的“红人”。正因如此，“办公室小野”还被邀请作为华语区 YouTube 粉丝量增长最快的创作者，参加了 Rewind YouTube 活动。该活动是 YouTube 和门户网站共同制作和创建的一个年度视频大赏活动，每年只有网络上最受欢迎的“红人”才有资格被邀请。而“办公室小野”能够获此殊荣，足见其在视频用户中的影响力。

像“办公室小野”这样不仅在国内大红大紫，还在国外拥有庞大粉丝的“红人”，其影响力是十分惊人的。如果能借助其强大的影响力帮助品牌商与用户构建情感关系，对于短视频营销来讲，则会事半功倍。

3. 明星艺人

细心的人会发现，越来越多的明星艺人出现在短视频的荧幕中。起初，明星艺人录制短视频是希望让公众围上来观看，从而怒刷存在感以提升自己的知名度。然而，品牌商业看到了明星艺人录制短视频背后所蕴含的隐藏价值，邀请明星艺人参与品牌宣传的短视频录制，为品牌代言，成为一种全新的营销方式。

明星艺人本身自带粉丝和流量，邀请明星艺人录制品牌宣传视频，可以将明星艺人粉丝与品牌无缝连接，将明星艺人粉丝顺利地转化为品牌粉丝，进而提升这些品牌粉丝转化为客户的概率，有效提升了产品销量。

以上几种“红人资源”，都是在品牌短视频营销过程中，搭建用户与品牌情感关系的非常不错的选择。

四、寓娱乐于营销，为流量变现赋能

如今，人们上抖音、玩快手、看微视，已经成为了生活中不可缺少的一部分，成为了人们闲暇时间的一种娱乐方式。

国内移动互联网大数据公司 Quest Mobile 发布的《中国移动互联网 2018 半年大报告》显示，2018 年 6 月，娱乐直播的月活跃用户规模同比涨幅为 2.2%，而娱乐短视频的月活跃用户规模涨幅却暴增了 103.1%。短视频用户总使用时长从 1272 亿分钟攀升至 7267 亿分钟，增幅达到了 471.1%。

这一组数据充分表明，越来越多的人愿意花时间在短视频上，短视频已经成为人们的一种重要的娱乐方式。

基于这一特点，品牌商借助短视频开展营销活动，同样应当注重娱乐化的重要性，将娱乐融入营销活动当中，才能更好地为流量变现赋能。

那么，如何将“娱乐”融入短视频营销活动当中呢？

品牌商在打造基于品牌宣传的短视频内容时，一定要知道，决定营销成效的不能只是品牌名、产品曝光的频率，或者在内容中植入广告的方式和技法，如果能在与粉丝互动上更加有趣味性、娱乐性，那么这样的短视频内容则更具吸引力，而且在用户积极参与这样的娱乐互动的过程中，能够边玩边在其脑海中强化品牌名和产品，这样的营销方式则更胜一筹。

1. 玩产品

在短视频中植入产品的场景有很多，但如果每次将品牌产品曝光的时候，都能够“搞事情”，有笑点、有惊奇点，那么这种带有娱乐性的产品植入方式，在让观众捧腹大笑的同时，更能让用户记住产品。

2018 年，街舞成为一股浪潮席卷了综艺领域，也成为大家跟风的对象。西瓜视频在街舞大热期间，推出了以街舞精神为主要内容的记录短片《街头巨星》，该短片上线后，吸引了很多年轻人的关注，并被广泛转发。

而荣耀手机则用高瞻远瞩的眼光发现了这一商业契机，冠名了这支短片，将街舞打造成短视频的内容IP，并且将目标用户瞄准了年轻人群，在短片中不仅传达了深受年轻人喜爱的街舞文化，还将荣耀手机的品牌信息和产品特点融入其中，从而帮助荣耀手机高效地锁定核心年轻用户。

2. 玩话题

短视频内容中，有很多是对时下热门话题的讨论和互动，在这类内容中融入与产品相关的有趣的话题讨论，则更容易与粉丝建立起密切关系。

3. 玩知识

通过短视频内容向广大用户分享专业知识、科普知识、冷门知识，这些都是常见的内容形式。如果能将这样的知识传播方式融入品牌当中，是一种非常不错的营销方式。既具有娱乐性，又提升了品牌的曝光率，能够有效提升品牌影响力，进而带来可观的销量。

品牌借助短视频营销提升商业利润的创意方式层出不穷，不但有娱乐性剧情，还有基于娱乐性的互动类游戏。必胜客借助大热的全民知识互动答题活动作为短视频内容，通过巧妙地将品牌名植入题目当中，让用户迅速了解了品牌特性。

必胜客给出的提问是："必胜客宅急送的外送食品为何到手还是烫的？"并且给出了三个答案供用户选择："骑手一直放在胸口""骑手现场加热""专业烫手包保温"。这样的内容一经发出，就吸引了不少粉丝回答问题、进行评论互动。

这样做不仅向用户传递出了"冷知识"的趣味性，还在用户当中形成较强的互动关系，在互动的过程中将品牌相关的信息深深植入用户的心中。

其实，如果能掌握一定的营销方法，品牌短视频营销之路走起来也并没有想象中那么艰难，只要肯多下功夫、多挖掘，多找些与娱乐挂钩的内容，成功实现营销目标指日可待。

五、加入MCN是王道

无论是达人还是品牌，在短视频平台上实现变现，都不是单枪匹马就能实现的。

当前，市场竞争日趋激烈，单兵作战已经越来越难。如果是大型企业，有顶级头部内容做后盾，自然可以成立自己的内容创作工作室来“打天下”。但对于中小微型品牌或商家来讲，“找靠山”“抱团合作”才是上上策。而加入 MCN 机构正是明智之举。

那么，什么是 MCN 机构呢？简单来讲，可以将 MCN 机构看作一个以资本来扶持和保障内容输出的“工会”。而这个“工会”并不隶属于某个平台的机构，而是一个进行内容持续输出和变现的公司。该机构会帮助视频创作者提供内容策划和定位、品牌包装推广、流量内容分发和招商引资等一条龙服务。而作为回报，MCN 机构则会从达人或品牌商的收入中分得一杯羹。

当前，国内已经有很多这样的机构。据数据统计结果预测，2019 年，短视频 MCN 机构有望发展至 6800 家。而这些 MCN 机构就为广大品牌商，尤其是中小微商家的内容持续输出和变现提供了很好的机会。

众所周知，爆红网络的“办公室小野”，其就是从洋葱 MCN 孵化而成的。根据美拍原创榜提供的数据，“办公室小野”的原创数量已经超过了 Papi 酱，排名第一。

总之，内容生产需要创新、需要灵感，当创新和灵感遇到“瓶颈”时，加入 MCN 机构是非常不错的选择。MCN 机构可以为有能力并且想要通过短视频营销获利的品牌商提供更加有力的支持。

第八章
借势上位：
各短视频平台营销优势解析

开展短视频营销活动，打造优质内容是一个重要环节，然而优质内容在哪里投放，更是一个不容忽视的问题。正所谓“方向不对，努力白费”。只有选对平台，充分了解各短视频平台的营销优势，保证内容与所投放平台的调性相一致，才能收获更好的营销效果。

第一节　移动短视频：引流聚流，抢占流量红利

当前，短视频平台的类型大致分为两类：一类是以抖音、快手、美拍为首的移动短视频；另一类是非移动短视频，如腾讯微视、阿里鹿刻。然而，不同的短视频平台有其各自的特点，凭借不同的营销优势，为品牌引流聚流，抢占流量红利，带来商业利润。

一、抖音：专注于有趣的内容和温暖的体验

短视频营销领域，抖音对于很多品牌商来说，并不陌生，可以随时随地使用，而且简单灵活，成本低却传播快速。因此，有很多大小品牌，如答案茶、摔碗酒、土耳其冰淇淋、小米手机、海之言等，都选择与抖音合作。既然选择抖音作为营销平台，那么抖音在实现营销的过程中必定有其“过人之处”。

1. 抖音内容的特点

（1）有趣、有温度

抖音其实是一款用来消磨无聊时光的短视频平台，在该平台上聚集着众多生活节奏快、工作压力大的年轻人，他们追崇时尚和潮流，喜欢探究新事物，而抖音正好与这群年轻人的调性相吻合，并且通过时尚、潮流、新奇特的事物为年轻用户带来轻松搞笑的内容，让人们能够开怀一笑，释放自己内心的负面情绪。从这一点上来看，抖音可以被看作一款专注于有趣内容和温暖体验，兼具娱乐性的短视频平台。

（2）定位社交

抖音的定位是社交。抖音的标语是“记录美好生活”，记录是站在内容创作者的视角，鼓励用户在平台上进行创作和互动。

2. 抖音玩法创新

（1）竖屏玩法的开创者

在抖音竖屏玩法出现之前，所有的短视频都是以横屏的形式将内容呈献给观众的。因为手机本身是竖屏模式，这种模式已经在手机用户的长期使用过程中成为了一种习惯，抖音使用竖屏模式，完全符合手机用户的使用习惯。

（2）在播放时长上有所控制

通常短视频的播放时长大多数是 5 分钟以内，而抖音却将时间缩短为 15 秒和 60 秒两种类型。这对于运营者来讲，需兼顾短视频内容的品质和完整性，有利于内容创作者生产出更加优质的视频作品。

（3）音乐玩法颇具特色

内容与极具特色的背景音乐相结合，是抖音的一大特色，而且可以说在全网中玩法无出其右。这一点也正是抖音能够撬动运营的法宝。通过个性的音乐搭配，可以突出视频主题，并将内容进一步升华。

（4）机器算法

抖音的“靠山”是头条，而头条的核心就是机器算法。抖音上每天上传的短视频以千万计，然而如何才能使优质内容不被埋没，让低俗内容难见天日？这也正是抖音与其他短视频平台相比所体现出来的威力。换句话说，这也正是为什么用户想看哪些方面的内容，就能刷到哪些方面的内容的原因，这都是抖音机器算法的功劳。

（5）评论满足用户展示需求

抖音在短视频右下方有一个评论区，抖音在这里塑造了一个很好的评论文化：用户在这里可以自由展示自己的语言才华，可以发表自己独有的观点和见地，很好地满足了用户的自我展示需求。同时对于品牌商而言，可以从用户的评论内容中挖掘到用户真正喜欢的东西、用户更加希望了解的东西，为自己后续的短视频内容定位做很好的指引。

3. 抖音变现机制

（1）MCN 机构

抖音平台设立了一个“星图平台”，品牌商可以在这里注册登录，并且这个“星图平台”会按照品牌商所在行业的需求以及短视频的曝光量，计算出一个估价。之后，抖音通过自己的 MCN 机构，为品牌商匹配合适的管理服务达人进行内容创作。当前，凡是加入“星图平台”的品牌商，都会为平台拿出 30% 的利润作为分成。

（2）变现

①淘宝客。

凡是没有开通抖音店铺的小众品牌或商家，都可以通过淘宝客链接来推荐放心购或淘宝系的产品。

②抖音小店。

凡是开通了抖音店铺（抖音小店）的品牌或商家，都可以自己上架产品，通过购物车或者橱窗来为用户推荐产品，在抖音内部就能完成销售。但是，开通抖音小店的商家，必须要满足一个硬性条件，即粉丝数量达到 10000 以上。

③企业蓝 V。

如果是企业蓝 V，直接就有店铺功能，而且还有很多特权，可以置顶 3 条视频。

④直播。

抖音还有一个重要的变现机制就是直播。可以在直播的过程中，一方面通过有料、有趣的话题内容为品牌赢得粉丝，赢得竞争力；另一方面在进行直播的时候，可以加入购物链接。这样就能很好地提升直播的引流和变现速度。

抖音有创造流行、引领流行、输出文化、引发全民参与短视频生产的能力，这些正是其他移动短视频平台所欠缺的。

二、快手：强调内容运营和产品能力

经常玩快手的人都知道这样一句台词“双击 666”“老铁”“没毛病”，也正是这几句台词，成为了快手的流行符号。快手是一款非常接地气的短视频 App，是大众用户娱乐的绝佳平台，也是品牌商短视频营销实现引流和变现的重要平台。

1. 快手内容特点

（1）表达真善美

业界有句话叫作“南抖音，北快手”，意思是说抖音覆盖的南方用户居多，而快手覆盖的北方用户居多。综合来看，快手绝大多数用户在三四线城市，其内容偏向于生活化，大多数是表达农村的真善美、残疾人的励志故事、街头艺人卖艺等。

（2）强调内容运营和产品能力

快手与抖音有所不同，抖音是强调社交关系，而快手则是强调内容运营和产品能力。

①内容运营。

快手在最开始的时候依靠社区驱动产品发展，在产品的推广上没有刻意进行事件和活动的策划，而是一直依靠短视频社区自身的用户和内容运营，将所有的“火力”都集中在社区文化氛围的打造上。当前，快手也会顺应用户的需求在运营方面做出调整。基于快手 App 的社区日趋成熟，并且具备了增长能力，因此，优质的社区内容也就成为快手能够保证新用户存留的关键，而强调内容运营则成为了快手发展的侧重点。

②产品能力。

一直以来，快手都十分注重产品能力的提升，在产品功能上有多方面的开发。图 8–1 的快手产品框架图示就充分证明这一点。

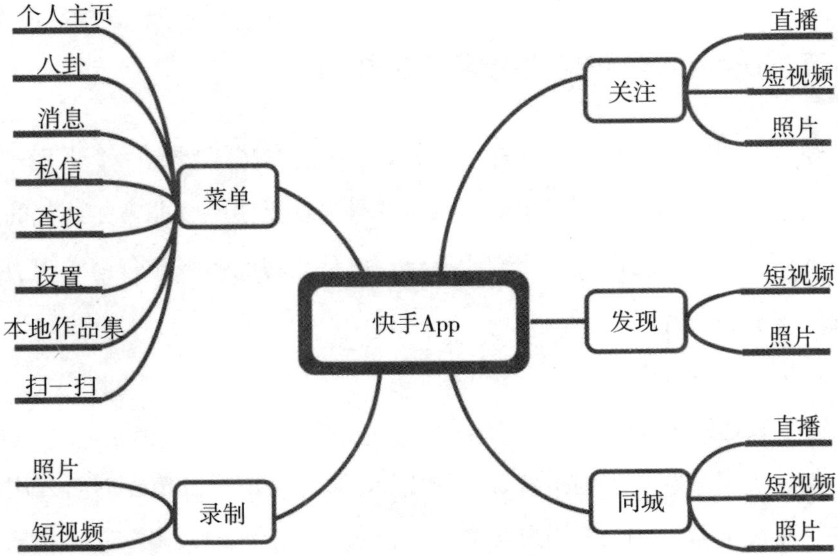

图 8–1　快手产品框架图

2. 快手玩法创新

（1）竖屏

快手同样也是采用竖屏的方式将内容呈现给观众，这一点与抖音相同。

（2）K 歌互动

快手有一个全新的 K 歌互动玩法。K 歌的时候，能将录制好的歌曲进行上传，并且不受时间限制，可以唱完整首歌曲。此外，还可以借助 AI 识别技术，直接定位歌曲“最热片段进行演唱”。而且还可以在展示自己动听的歌声的时候，同步拍摄制作 MV。品牌商可以在制作的 MV 中融入自己的品牌产品宣传内容。

进入 K 歌页面的用户，可以在“推荐”“分类”“已点”板块中的海量歌曲排行榜中，寻找自己喜欢的美丽声音。另外，如果用户对哪个人的哪首歌曲十分欣赏，还可以对其进行关注，或者也可以约上三五好友，大家同唱一首歌。这一玩法对于品牌商来讲，可以通过 K 歌的形式，引起用户互动，让品牌在潜移默化中进入用户的视野，形成视觉效应。

（3）私信互动

快手视频上方区域有“关注”“喜欢 / 收藏”“私信”等功能。这些功能对于品牌商而言，是很好的与用户互动的桥梁。用户如果对短视频内容感兴趣，就会对视频的创作者进行关注，如果喜欢这样的短视频，就会给创作者发私信。在发私信的过程中，可以与用户进行更加深入的沟通，更好地了解用户的真实需求，并根据这些需求制作针对性更强的内容，以迎合用户的口味。这样可以起到很好的引流作用。

（4）关注账号优先推荐

经常玩快手的人，就会发现：并不是每次打开快手的时候，都会跳出推荐页；如果上次离开时停留在了关注页面，那么再次重新打开时，快手就会优先向用户展示关注内容。这一玩法又成为将用户转化为粉丝的有效转接口。

3. 快手变现机制

（1）快手小店

与抖音类似，快手的变现渠道也是通过“我的小店”实现的，即在短视频中嵌入商品信息、链接同样指向淘宝。

（2）直播

快手实现商业化，主要是借助流量变现来实现的。目前，快手的变现方式中，还有一个重要的途径就是直播。品牌商可以借助快手的直播功能，面对面与用户互动，并展示自己的品牌和产品，让用户更加直观地了解产品功能，并提升其销售转化率。

快手目前是最活跃的短视频 App 之一，这与它所拥有的庞大用户基数有密切关系。快手在整体产品布局上非常简洁、直观，更重要的是实用。品牌商如果能够对快手的产品功能善加利用，必定能赢得更多红利。

三、小红书：借助明星知名度，助力品牌年轻化

小红书是一款记录当代年轻人正能量和美好生活的短视频 App。其主要内容偏向于美妆、穿搭、护肤、母婴、旅游、娱乐几大类。小红书可以借助机器学习对海量信息和人进行精准、高效匹配，显然，小红书成了连接用户与好品牌的纽带。这也正是很多商家喜欢选择小红书平台实现品牌宣传和变现的原因。

1. 小红书内容的特点

（1）以对话体为主

小红书的内容有一个特别之处，就是使用对话的形式。这种方式能够让广大观众感觉短视频内容中的人物不仅是在表达他们的观点或见解，更像是在与自己分享他们的购物体验，表达一种生活态度和理念。这种方式就像是两个熟识的人在“拉家常”，非常易于拉近与用户之间的距离，让彼此之间产生情感联系，使用户更加愿意主动进行内容分享。

（2）明星助阵，助力品牌年轻化

小红书会经常邀请明星助阵，如李沁、张歆艺、黄圣依等青年明星，其目的就是借助明星效应所产生的巨大影响力来提升品牌知名度，有效吸引年轻用户群体。

2. 小红书玩法创新

（1）机器分发内容

小红书最初是通过人工运营的形式对内容进行分发的。如今，小红书在这方面的发展已经有了很大的创新，实现了机器分发。即通过大数据和人工智能相结合，将社区中的内容精准分配给对它感兴趣的用户，一方面提升了用户体验；另一方面对于品牌商而言，实现了精准引流和精准营销。

（2）口碑分享

与其他短视频平台有所不同，小红书的社区中原本就积累了大量的消费类口碑，成千上万的用户在这里分享自己发现的全球好物。这就好比用户在淘宝上买东西后发表评论一样。用户的分享，往往对于品牌商而言，是一种很好的二次宣传方式，有效提升了品牌的口碑、打响了品牌的知名度，为品牌塑造了良好的形象。

（3）结构化数据选品

用户每天的浏览、点赞和收藏行为，以及心愿单所产生的大量数据，对于品牌商而言，可以借助这些数据精准分析出用户当前最迫切的需求，以保证每天推出的产品推广视频能够得到用户的喜爱和推崇。

（4）榜单透露用户喜好

小红书的榜单都是源自其用户的智慧，他们会对优质品牌按照顺序排列，而品牌商则可以通过这个榜单更加直观地在社区中看到收藏和喜爱自己产品的真实用户，或者从用户收藏别人的产品特点进行分析，了解用户的真实需求。

3. 小红书变现机制——小红书商城

小红书平台为了给广大品牌商提供更加便利的变现渠道、给用户带来更好的购物体验而打造了小红书商城。因此，小红书商城是品牌商实现变现的重要渠道。

品牌商完成注册，成功开通小红书商城后，用户不仅可以直接按照品牌名称搜索店铺，还能在“笔记”里插入商城链接，这样非常便于用户购买“种草”（喜欢、中意）的产品，而且对于品牌商而言，有效缩短了交易环节。

小红书的核心战略支点在于社群、数据和内容。品牌商通过小红书可以进行优质内容分享、吸引与留住大量用户、沉淀用户数据，并借助大数据实现与用户的精准对接，从而形成一个完整的商业闭环。

四、美拍：专注女性化生态

美拍是美图秀秀推出的一款短视频软件，拥有广泛的群众基础，吸引了众多的爱美女性用户入驻。

相关数据显示，在中国，每7个人当中就有1个人是美图的用户；每2个苹果粉丝中就有1个人是美图用户；平均每3台安卓手机就有一个人安装了美图秀秀。

这些数据足以说明美拍依附于如此强大的美图秀秀，必定有雄厚的用户基础。因此，美拍也是品牌商开展短视频营销不可忽视的选择。

1. 美拍内容的特点

（1）高大上

美拍内容方面的特点，首先是区域文艺范，给人一种高大上的感觉。

（2）专注女性化生态

在当前短视频泛娱乐的特点下，美拍为了能够在短视频领域分得一杯羹，再加上美拍上聚集的用户绝大多数是女性，所以内容也偏向女性化，即偏专注女性化生态，包括舞蹈、美妆、宝宝、运动、萌宠、手工、穿搭、美食八个核心垂直领域，主要抓住女性爱美的特点，来推销自己的品牌产品。

2. 美拍玩法创新

（1）特效包装

美拍短视频可以借助各种特效，将原本普通的短视频包装成颇具视觉冲击力的“大片”，受到广大年轻人的喜爱。

（2）算法优化视频

美拍的玩法在一次次不断升级和迭代中进行改进和创新。如今，美拍在视频内容识别算法、视频清晰度优化算法、封面高清度等方面都有十分明显的提升，对视频的质感和画面美观度有了明显优化。这使品牌商打造的短视频画质能够更加柔美和流畅，能给用户带来更好的视觉盛宴。

3. 美拍变现机制——直播

美拍基于直播功能，在短视频内展示相关商品的链接，用户看到自己喜欢的商品，点击“购物车”标签，就可以在保持直播页面，不用进行页面跳转的情况下买到自己喜欢的商品，实现了“边看边买”。这样的变现方法，有效缩短了交易路径，实现了流量向销量的快速转化。

在整个短视频领域，美拍可以说是一个垂直化特点更加明显的平台。因此，有关女性产品的品牌商可以在美拍平台上大展宏图。

五、秒拍：依托微博话题进行内容输出

秒拍是众多明星都在玩的体现新潮特点的短视频分享平台。当我们使用新浪微博的时候，所有的短视频右上角都会显示一个“秒拍”的标志。因此，秒拍成为了微博唯一指定的短视频出口，也是品牌商实现短视频营销的又一个重要的流量出口。

1. 秒拍内容的特点——依附微博话题

秒拍与美拍存在很高的相似性，但是由于秒拍背靠微博这棵“大树”，其平台上的主要内容是以分类更为垂直的PGC内容，以及明星、网络红人自拍为主。而微博与秒拍已经形成了我国短视频领域中最大的“内容分发+播放+社交”的生态联合体。

2. 秒拍玩法创新

（1）智能变声

秒拍有一个独有的玩法，就是智能变声，可以将录制的人物声音变成蜡笔小新、汤姆猫、河南话、四川话等不同版本的声音。这种智能变声的玩法，既给广大年轻用户带来了欢乐，又能使整个短视频的格调瞬间提升。

（2）一键唤醒

秒拍还有一个特殊玩法，就是“一键唤醒”。借助该功能，用户发现自己喜欢的短视频内容，可以随时随地将其分享给朋友，或者有相同爱好和兴趣的人。这一功能可以帮助品牌商更好地实现品牌宣传的二次传播。

3. 秒拍变现机制

目前，秒拍在变现机制方面并没有推出明确的变现渠道和途径。品牌商借助秒拍开展营销活动，实现变现的方法通常是广告变现的方式。换句话说，就是在短视频中植入广告宣传，吸引用户自主到相关的品牌店铺或者其他渠道购买自己喜欢的产品。

阿迪达斯与肯德基之类的品牌都与秒拍合作过，但究其合作的原因，是因为这些老品牌真正需要的是通过拥有更多新主流用户的短视频平台，实现高质量的“拉新维老”，让精准营销更高效、更契合、更有效果。

第二节　BAT短视频：发力短视频，深耕行业新玩法

短视频领域之所以能够火爆，除了因为其能够衍生出大量轻松、娱乐化、受到广大年轻人喜爱的内容之外，另一个原因就是短视频成为了当前电商领域的一种全新盈利模式。然而，除了短视频平台群雄逐鹿之外，互联网巨头 BAT 也开始坐不住了，纷纷向短视频领域布局，并深耕行业新玩法，力争在短视频领域分得一杯羹。

一、腾讯系短视频：多款产品形成强势矩阵

加入短视频行业的"玩家"越来越多，除了抖音、快手、西瓜视频等专业"选手"之外，腾讯也加入其中，打造了旗下多款短视频产品，形成强势矩阵，加剧了短视频行业竞争态势的白热化程度。

腾讯推出了微视、有视频、火锅、YOO、猫饼、音兔、魔咔等十几款短视频平台，腾讯可谓在短视频领域全面开花。腾讯接连不断地在短视频领域下血本进行布局，能够充分感受到腾讯想通过短视频增加商业变现的执着态度。

腾讯推出的短视频平台层出不穷，自然也使其所涵盖的内容包罗万象，包括热门影视、体育赛事、音乐分享、美食制作、搞笑娱乐、运动健身等。这就意味着在腾讯短视频平台上可以开展营销活动的品牌范围较为广泛，内容制作方面也有较大的选择性。

那么对于品牌商而言，能够借助腾讯短视频实现引流和变现也是一种极好的选择。当然，上传的短视频内容，腾讯视频也会借助机器算法进行推荐。

1. 推荐条件

（1）时长

短视频的播放时长不小于1秒，并且不大于10小时。

（2）内容原创

腾讯会对上传的短视频内容进行审核，凡是通过腾讯原创视频认证的短视频内容，在审核成功通过之后会被标记为原创视频。

2. 推荐玩法

当短视频上传并通过审核后，腾讯视频系统会根据以下三个方面进行推荐。

（1）分类、标签、时效

（2）用户的画像、兴趣、订阅

（3）用户所处的环境

腾讯视频系统会将短视频先推荐给一部分用户，同时根据这些用户的观看情况，包括完播率、点赞量、转发量、评论量、收藏量等方面的表现，决定是否扩大推荐量。当然推荐量也受该视频内容所属内容品类受众面大小的影响。

具体而言，腾讯会借助其旗下的媒体、社交、兴趣、浏览器等多平台实现矩阵式推广。

（1）媒体平台：腾讯新闻、腾讯视频

凡是优质的内容，腾讯视频、腾讯网的首页，以及各级频道页都可以得到后台编辑的精选推荐。与此同时，在腾讯视频的“为你推荐频道”“热点频道”“新闻频道”“搞笑频道”等，都会根据腾讯视频的机器算法在各个频道对用户上传的短视频进行推荐，并且将内容精准推荐给那些对相关短视频内容感兴趣的用户。

（2）社交平台：QQ（看点）、QQ 空间（动态、发现）、微信

在腾讯视频上传短视频内容，在引流方面有一个最大的优势，那便是短视频内容可以在微信公众号中直接引用。除此以外，还可以绑定 QQ 和 QQ 空间，在手机 QQ 和 QQ 空间中得到推荐。

（3）兴趣平台：天天快报

视频内容可以在腾讯旗下的天天快报的主页、视频频道及各个频道得到机器算法推荐，将内容精准推荐给感兴趣的用户。

（4）浏览器：QQ 浏览器、腾讯网

在腾讯视频平台上上传的短视频内容，在推荐分发方面还有一个优势，就是短视频内容会同步到手机 QQ 浏览器，并且在相应的页面得到推荐。

腾讯视频平台并不是对所有上传的短视频内容都会给予推荐的，只有满足相应的条件，才能在腾讯视频以及与腾讯相关的其他平台、渠道上获得推荐，让更多的用户看到品牌和产品宣传内容，最大限度地提升品牌和产品的曝光量。

二、百度系短视频：多渠道共建内容生态

随着短视频内容营销的逐渐正规化，BAT 以各自的风格在短视频领域布局。除了腾讯以外，百度也开始在这方面进行诸多尝试。例如，通过提供更好的平台流量和更丰富的资金补贴来吸引更多的个人创作者和企业的加入。

正是因为看到了短视频如今的玩法回到了最初的"全民参与"中来，所以百度全面推出了好看视频、全民小视频、伙拍（原名：Nani 小视频）等。这些短视频 App 作为短视频领域的后起之秀，准入门槛低，

实现了全民创收，打造了多元化生态格局，使短视频内容与用户需求相契合。

以全民小视频为例（图 8–2）。凡是在全民小视频发布的原创作品，只要内容有趣、积极健康，平台会根据视频的内容质量、互动率以及活跃度等相关因素为内容制作者计算和发放魅力值，账户中的魅力值可以直接兑换为现金。然而，该魅力值除了短视频的魅力值外，还有直播魅力、打赏魅力以及其他魅力等。有的内容制作者将短视频在全民小视频平台上传仅一天的时间，就能够获得累积百万级别的魅力值，能兑换的现金补贴也是相当可观的。

此外，还可以收徒弟赚现金、做任务赚现金等。这对于那些个体经营者，或者中小微品牌商而言，除了能够通过内容实现品牌产品变现之外，还能通过魅力值来增加自己的收入。

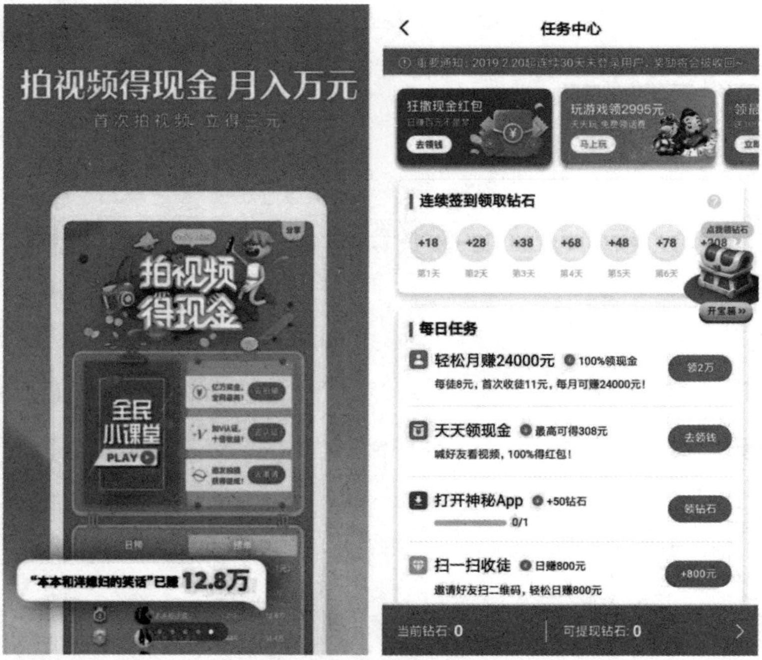

图 8–2　全民小视频

另外，全民小视频还有一个“明星卡定制”功能，对于那些能够获得明星卡的优质作者，系统还会将其昵称在百度 App 中的搜索栏进行展示。百度作为国内最大的搜索平台，“明星卡定制”功能也是给足了品牌和达人短视频内容制作者支持和鼓励，能有效提升品牌曝光率。

百度作为信息流的短视频，对于品牌短视频营销来讲究竟有哪些玩法呢？

1. 爱奇艺提供优质资源

百度系短视频手里攥着爱奇艺这张王牌。当前，爱奇艺的收视率、用户数量在整个视频行业稳居首位，并且积累了大量的 UGC 和 PGC，这些为内容生产者提供了十分丰富的素材资源。这对于品牌商而言，无疑是内容方面最好的补充。

2. 智能分发优势

百度系短视频平台本身是以百度为基础开发出来的新产品，因此必定继承了百度强大的基因：百度 AI 技术与短视频相结合。短视频之所以在崛起之后能够得到快速发展，其关键在于信息流，而这个信息流的基础就是个性化推荐技术。

短视频形式的广告内容与传统的图文形式相比，更加难以分析，目前在短视频领域的标签都是基于标题、描述而生成的，并不是通过对内容的理解而生成。百度拥有强大的机器视觉技术，借助该技术，不但可以对图像进行识别，还能对其中的语义进行很好的分析，从而生成深度标签，使短视频推荐更加具有智能化、精准化特点。

这对于品牌商而言，无疑对实现精准化营销效果起到了很好的辅助作用。

3. 内容生态

百度如今在内容方面已经打造了超过 55 万内容创作者的 PGC 体系，

这一数量与今日头条、UC 大鱼号、企鹅号等旗鼓相当。与此同时，百度还拥有一整套较为完善的内容运营体系和变现机制（如前文中讲到的全民小视频的多种变现方式）。旗下的百家号、百度文库、百度贴吧、百度知道、百度百科等都有相应的 PGC 体系。因此，品牌商要想借助百度系短视频平台开展营销活动，不必为短视频内容的流量和变现渠道担心。

百度系短视频背靠百度的财力与强大的用户基础，显然在财力和流量上具有先天优势，品牌商想要借助百度系短视频平台在竞争激烈的市场格局中杀出一条血路，也未尝不可。

三、阿里系短视频：花样百出加速实现引流与变现

在当前流量为王的时代，谁拥有了庞大的流量基础，谁就是行业中的“老大”，谁就拥有绝对的话语权。如今，流量之争如火如荼，以往电商截流的“盛世”已经不复存在，对于阿里巴巴来说，寻求更新的获流方式迫在眉睫。短视频的出现，恰好为阿里巴巴弥补了这一状况。

那么，阿里系短视频有哪些呢？

1. 土豆视频转型短视频

2017 年，阿里巴巴看到了短视频行业所蕴含的巨大“钱景”，便开始正式进军短视频领域。作为第一个“吃螃蟹”者，阿里巴巴旗下的土豆视频向短视频领域全面转型，并启动了全新的品牌形象和定位，将口号定为“只要时刻有趣着”。

（1）提供短视频制作工具和素材库

为了让短视频制作起来更加高效，土豆短视频研发了一整套短视频制作系统，为制作者提供短视频的制作工具、素材库（包括音效、配乐、MG 动画、背景视频、会声会影等），以及其他更加复杂的功能。这些丰富的功能，为品牌商的短视频制作提供了极大的便利。

（2）节约流量成本

土豆短视频为了能够增强竞争力，赢得更多的用户，可谓下足了功夫。土豆短视频联合电信、联通、移动推出了免流量或者 1 折的流量产品。这样可以很好地惠及广大土豆短视频用户，再也不用担心流量成本问题，可以放心观看土豆短视频内容。然而这一点又恰好为品牌商增加了播放率，进而为增加流量提供了很好的契机，能够有效黏住用户，实现更好的变现效果。

2. 淘宝短视频

随后，为了进一步扩大在短视频领域的实力，阿里巴巴旗下的淘宝也开始向短视频领域迈进。仅以“淘宝二楼”推出的一系列以《逆转钢盔》为主题的短视频，第一季一经播出，就获得了 248 万次的播放量，收获了 440 万访客数。显然，这次尝试是非常成功的。

（1）商品型短视频

商品型短视频，顾名思义，短视频中主要对商品的外观、功能、用途等各方面进行展示，这类短视频通常是被放在商品详情页的主图的位置。

（2）内容型短视频

内容型短视频主要是通过讲品牌故事、产品由来的方式，让用户更好地认识产品，了解品牌文化。其表现形式丰富，通常的投放渠道为“必买清单”“爱逛街”“每日好店”“微淘”等。

（3）用户型短视频

用户型短视频，主要的侧重点是显示用户上传的产品使用心得、评价之类的视频。如果发布的某条短视频内容获得很高的点击量，就可能出现在“猜你喜欢”或者微淘的话题中，这些公共领域其实是很好的流量入口，能为店铺带来更加可观的流量。

商品型短视频与内容型短视频相比，制作门槛较低，无须考虑短视频内容的情景设置、定位等问题，只需要将精力放在如何能够将产品的差异化特点更好地展示给用户即可。因此，商品型短视频更加适合那些初步试水短视频营销的商家。

3. 鹿刻短视频

2018 年 9 月，淘宝推出的鹿刻短视频 App 出现在了短视频江湖中，并以一只长颈鹿的形象作为 LOGO，以“发现生活中的每一点嗨”（图 8–3）作为口号。鹿刻短视频主要是面向生活消费领域，致力于消费者购物之后的真实感受、体验分享，以此来帮助用户解决生活上的一些问题。鹿刻短视频更重要的是为品牌商带来销售转化率，其定位简单、直接、明确，就是在告诉所有的品牌商——“我就是用来带货的”。

图 8–3　鹿刻短视频

鹿刻短视频背靠阿里巴巴，因此其核心优势就在于能够借着淘宝、天猫等电商平台进行大规模引流，同时能将短视频分享到站外，最终为品牌商带来更多的流量。

（1）主打商品广告推广

鹿刻短视频的定位就是“生活消费类短视频”，这一定位表明鹿刻短视频平台上的短视频是专门为商品带货。在鹿刻平台上，娱乐性内容仅占10%，而纯粹的商品推广内容占了90%。可见，鹿刻短视频就是专门为淘宝商家进行商品推广、为淘客推荐商品的独家平台。因此，鹿刻短视频可以说是一个专门为品牌商与消费者建立买卖关系的平台。

（2）“问答”功能

鹿刻短视频上有一个“问答”功能（图8–4），可以提供问答服务，帮助用户解决生活中的问题。相信很多淘宝客在购物的时候往往会出现这样或那样的困扰，并且因此而无法确定自己的需求和选择。

鹿刻短视频则设置了“问答”功能，直接回答对应的用户问题，并且拍摄自己的商品视频与效果展示，然后再附上商品链接。这种“问答”功能下，商家向用户呈现的就是用户无尽的需求，并且是有关商品的用户需求，通过回答问题来引导用户在左下方的购物车链接中“买买买”。

图8–4 鹿刻短视频“问答”功能

（3）私信咨询、淘宝购物

由于鹿刻短视频中直接附上了相关商品的链接，因此很多时候，我们会看到短视频下方很少会有人去评论，但是用户会直接选择与作者私信的方式来咨询商品的详情。此时，作为一个合格的、优秀的客服，应该做的就是将自己的导购工作做到尽善尽美，从而引导用户去点击“购物车”标签，将页面跳转至淘宝页面，产生购买行为。

每个品牌商都希望收获更好的营销成绩，然而成绩的来源一方面是优质内容的打造；另一方面来自短视频平台的选择。阿里系短视频平台借助阿里巴巴旗下的淘宝电商平台的优势，直接将用户引流到淘宝购物页面，其引流和变现效果自然毋庸置疑。可谓“近水楼台先得月”。

第九章
案例解析：
解析经典短视频营销的成功逻辑

品牌短视频营销的成败，一方面取决于内容，另一方面取决于方法。品牌商不但要有无懈可击的营销策略，还要有创新的智慧和成功的逻辑。如果自己不能快速找到短视频营销通往成功大门的捷径，那么可以从别人的营销策略和智慧中学习和借鉴。这也是一种提升自我营销能力的有效途径。

第一节　一禅小和尚：行走在抖音上的“网红小和尚”

2019年，有一个行走在抖音上的呆萌且颇具智慧、表情丰富的“网红小和尚”蹿红。这个小和尚的名字叫作“一禅”，他凭借暖萌窝心的佛系“鸡汤”圈粉无数，稳居抖音播主排行榜前十，成为大火的IP形象，并且深入广大网友的内心。

截至2019年10月，“一禅小和尚”在全网的粉丝量已经达到8000多万人。仅抖音粉丝量就已经达到了4800万，获赞量达到2.6亿，总播放量超过200亿次。与“一禅小和尚”有关的主题壁纸在朋友圈、微博、小红书被刷屏。此外，“一禅小和尚”的微信表情包累积发送量超过了1.5亿次。而且出镜的社交媒体短视频日均曝光量在2亿以上。就连起源于康熙元年的中医药老字号雷允上，首次打破次元壁，在2019年11月跨界联名坐拥8000多万粉丝的国漫IP“一禅小和尚”，空降第13届CLE中国授权展。

这组数据充分显示了“一禅小和尚”的爆红程度。然而，“一禅小和尚”能让自己在全网爆红并不是偶然的，而是经过精心策划和营销实现的。

一、差异化IP，实现内容引流与变现

“一禅小和尚”能够如此火爆，其中一个原因就是打造差异化IP，实

现内容引流。

“一禅小和尚”在外形设计上，以一个孩童的模样呈现在大众面前，其身形比较小，而且手短、眼睛大、高鼻梁、头圆，可爱且软萌，这些特点很容易在人们的潜意识中形成一种好感。

而“一禅小和尚”的创作团队就将其软萌、可爱的形象植入相关剧情中，并配合他的神态、动作，以及丰富的心灵鸡汤，打造出了一种别具一格的形象 IP。

为什么要选择这个形象 IP 来做短视频内容，而不用真实的演员去演绎呢？这一答案可以从早年的“哆啦 A 梦”中找到答案。“哆啦 A 梦”最早创作于 1969 年，1991 年首次被引进中国，并且家喻户晓。到了 2017 年，“哆啦 A 梦”在中国被授权商品零售额突破 700 亿元，自此人们才发现“哆啦 A 梦”这个 IP 在市场中很有潜力。再如，更早的米老鼠，这个 IP 至今已经有 100 多年的历史了，还依然活跃在荧幕上长盛不衰。这充分说明形象 IP 的价值和潜力是十分巨大的。

其实，“一禅小和尚”差异化 IP 能够实现内容引流的关键在于天时、地利、人和。

天时，是因为当前，很多人会在生活中掩盖自己真实的情感，不会勇敢地说出自己内心的真实想法。而“一禅小和尚”则以“扎心”的情感内容为主，说出了很多人想要表达却无法表达的心声。

地利，是多渠道运营，使“一禅小和尚”这个形象 IP 能够在各个平台上（包括抖音、微信、微博、小红书、快手、搜狗输入法等）拥有活跃粉丝，并推出壁纸、表情包等周边产品，进一步强化该形象 IP 在民众中的印象。

人和，是因为“一禅小和尚”项目在 2016 年就已经启动了，经过为时三年的筹备和粉丝沉淀，其运营团队积累了大量原创素材，与诸多线上线下曝光量较大的品牌寻求合作。自 2018 年年底开放商业合作以来，至 2019 年 10 月，“一禅小和尚”上市产品的总成交额已经突破 1 亿元人民币，授权业务已覆盖出版物、玩具、电子数码、婴童用品、食品、日化、服装饰品、贵金属、主题美陈等多个行业领域。不仅与雷允上进行了跨界合作，还与波力海苔、回力鞋等知名国民品牌开展营销合作。

“一禅小和尚”的形象 IP 融入相应的故事情节中，使故事内容更加丰满，在抖音平台上发布后，吸引了大批人群的喜爱，不同年龄结构、不同层级用户对“一禅小和尚”的内容都充满了喜爱之情。

如今，“一禅小和尚”的运营团队已经不再局限于用“一禅小和尚”的形象 IP 打造短视频内容，还围绕这个 IP 打造出各种儿童产品（如掌心陪伴机器人、文具用品等），以及挂件、办公室创意摆件、钥匙扣、团扇、记事笔记本、图书、抱枕、零食大礼包等（图 9–1），这些也都深受消费者的喜爱。

▲ 相关图书

▶ 相关抱枕

▶ 相关摆件

图 9–1 “一禅小和尚”周边产品

二、注重音乐节奏和视觉冲击力

“一禅小和尚”在抖音上是以3D的形象呈现的，这样能够给用户带来极强的场景代入感，同时还能在视觉上产生极强的冲击力。此外，在“一禅小和尚”的视频中，“一禅小和尚”的每段故事情节都是用3D动画近景拍摄的，再配上非常具有动感的背景音乐，如下雨声、蛙鸣声，让整个画面顿时丰富、生动起来。这样的内容容易让用户看完后感觉一遍不过瘾，还会回过头来看第二遍，并激发用户主动转发的意愿，这样就形成了二次传播。

三、根据用户需求调整内容生产策略

“一禅小和尚”在短视频内容题材的选择上，总会跟着用户需求来调整自己的内容生产策略。

早期，“一禅小和尚”主要是选择动图+背景音乐来打造短视频内容。然而，这种内容显然没有多大的吸引力，“一禅小和尚”就开始推出最容易火的舞蹈、歌词、歌曲类题材来打造抖音短视频内容。随着时间的推移，那些舞蹈、歌词、歌曲类的内容已经不能满足用户不断变化的口味和需求了，用户开始更加注重内容消费。所以，“一禅小和尚”也开始走“内容营销”路线，选择一些有故事情景、有情感线索、热门话题等素材来打造短视频内容。

早期，“一禅小和尚”的短视频内容主要是以歌曲、表演类内容为主。如下面这段短视频内容：

一禅小和尚：师父，师父，我来给你演奏一曲？

师父：好啊。

随后，“一禅小和尚”拿起唢呐摇头晃脑地开始演奏他的唢呐“神技”，再配上唢呐音乐，十分完美。

如今，“一禅小和尚”的内容已经不再走单纯的娱乐路线，而是向着用户更喜欢的内容路线转变。如下面这段有关情感的短视频内容：

“在清水中放一颗糖，不会太甜；但放一勺醋，就会很酸；捡到钱不会太高兴；丢了钱却懊恼不堪。人不能因为一件喜事高兴一整年，却因为一个创伤抑郁终身。痛苦给人的刺激总是远远大于快乐。所以人们宁可不得到，不愿再失去。逐渐地，不悲，不喜。”

第二节　年糕妈妈：多平台推送，传播育儿经验

“年糕妈妈”作为母婴内容创业领域中的“领头羊”，在内容创业热潮高涨的今天，已经在内容生产和输出方面做了诸多的创新，其短视频营销的引流和变现技巧对于广大品牌商而言，具有普遍的借鉴意义。

2014年，“年糕妈妈”第一次在微信公众号上推送了一篇有关母婴方面的内容，开始走上了育儿科学知识分享之路。如今，“年糕妈妈”已经全面孵化了“年糕妈妈学员”“年糕妈妈优选”“年糕妈妈辅食”“年糕妈妈教育”等六个板块，在全网收获了1500万的粉丝，成为业界的传奇人物。

然而，“年糕妈妈”在不断成长和壮大的道路上，并不是只借助微信公众号做“头部大号”。她还能与时俱进，借助当下最具时尚和潮流的短视频营销模式，打造了《糕妈60秒》短视频，用属于自己的一套营销方

式，为自己补充多元化引流和变现渠道。

一、选题精、回答精

《糕妈 60 秒》短视频上线近一个月，其内容就进入微博母婴短视频内容前十，甚至在很多平台上排名飙升至榜首。在秒拍、腾讯视频、爱奇艺、梨视频等平台上，推送到第 80 期内容的时候，播放量已经过亿。

《糕妈 60 秒》短视频能够成功运营的关键在于“短而精”。主要体现在以下两个方面。

1. 选题精

“年糕妈妈”的运营团队在拍摄《糕妈 60 秒》短视频之前，做过很多功课。例如，收集当前各大平台上用户有关育儿现状和困惑的日常反馈，筛选其中最具代表性的问题，并将这些反馈和问题作为内容素材，用短视频的方式帮助各位新手妈妈或宝妈解决苦恼和困惑。

2. 回答精

《糕妈 60 秒》短视频中，“年糕妈妈”总是用几句话就快速将问题讲解清楚。然而，能做到这一点，离不开“年糕妈妈”内容运营团队成员的共同努力。“年糕妈妈”拥有强大的内容运营团队，对于每个问题和回答都会进行严格把关，力求给新手妈妈、宝妈们以最准确、最科学、最简单的语言表达出来的实实在在的建议和帮助。

二、优质内容输出奠定协同基础

“年糕妈妈”的短视频创作团队之所以能够输出大量的优质内容，保证粉丝黏性，是因为整个团队成员在打造优质内容作品时，体现出极强的专业水准。包括文字编辑、视觉设计、视频编导、后期加工制作等多方面的内容打造，都是由 6 位在母婴健康领域有丰富经验的医生和若干专业的拍摄制作人员共同努力完成的。

除此之外，“年糕妈妈”还有严格的视频审核制度，所有的小组都对自己的工作内容进行严格审查，包括选题、写文案、审核文案和短视频内容、查重、上传分发等各个内容生产流程，从而保证所有的短视频内容都是高品质、高原创。如此才保证了用户能够持续不断地被短视频内容所吸引，并成为其忠实粉丝。

目前，“年糕妈妈”已经形成了以原创内容为主的短视频打造生态。

三、专业度成就知识付费领域标杆

知识付费时代悄然来临，短视频内容输出能实现引流和变现，才是品牌短视频营销的真实目的。

“年糕妈妈”在母婴育儿科学领域经过 4 年多知识的深耕和积累，已经形成了一个庞大而系统的知识体系。因此，“年糕妈妈”在打造的《糕妈 60 秒》短视频中，向用户推出各种知识和建议，得到了广大用户的高度认可。这也就为“年糕妈妈”在《糕妈 60 秒》短视频中布局知识付费打下了坚实的基础，成为“年糕妈妈”成功实现品牌盈利的有力保障。

在《糕妈 60 秒》短视频中，“年糕妈妈”向广大观众传输相关育儿经验和知识的时候，还通过贴入二维码的方式实现引流，引导用户加入相关的付费课程当中，实现品牌变现。

这种方式使“年糕妈妈学员”能够保持较高速度的增长，成为了母婴领域知识付费的标杆。

第三节 办公室小野：借助抖音打造爆款IP，撩动“吃货”的心

在短视频领域，有一个名叫“办公室小野”的短视频节目异常火爆。“办公室小野”是一档定位于办公室的创意短视频，其在内容打造的过程中，不走寻常路，凭借创意、无厘头，但透露着有趣、有用、有性格、有价值的内容而走红全网。

在一条6分钟的短视频里，“办公室小野”将同事吃剩的馒头、空矿泉水瓶和巧克力，变为电脑键盘，馒头也变身为隐藏的鼠标；苹果则化身为桌上的红色玫瑰；棉花糖秒变日光灯灯芯，放在了工位显眼的位置。当同事的零食被老板一一没收时，“办公室小野”却凭借自己的聪明才智，将零食变为办公室道具，从而在工位上十分惬意地吃起了“键盘”“玫瑰花”“鼠标”……

这样充满奇思妙想的创意短视频，在全网中都是独一无二的。而“办公室小野”正是凭借这样独一无二的短视频打造了爆款IP，撩动着每一个“吃货”的心。

更重要的是，“办公室小野”并没有把自己完全拴在吃喝上，而是与品牌商合作，将短视频内容与产品卖点相结合展开营销，这种营销方式反而更加受到用户的青睐和认同。这也正是“办公室小野”的成功之处。

一、选取“办公室+美食”高流量题材

俗话说：好的开始是成功的一半。任何事情，能够做好方向定位，则意味着距离目标的达成已经成功了一半。“办公室小野”之所以在全网火爆，关键在于题材选择得好，即选取“办公室＋美食”这样的高流量题材进行内容的打造。办公室和美食，是与人们的工作和生活联系最为紧密的两个方面，这两个方面的题材本身就聚集了大量的用户，因此在内容定制上有巨大的流量潜质。

1. 都市白领办公室

都市白领的办公室里，都是一些“80后”“90后”，他们对新奇事物的探究、优质内容的分享，以及时尚产品的购买能力都是极好的。以都市白领办公室这样的场景作为题材，对于引流、变现来讲，具有很强的战略意义。

2. 美食是“民之天”

“民以食为天”，随着人们生活水平的提高，在吃方面更是非常有讲究的，能代表精致、闲适的美食制作，会给人一种“品位”和“高级感”。然而，办公室本身是一个严肃的场景，这与创意美食制作思维形成反差，使办公室美食制作更加新奇有趣，而且更加“接地气”。

二、持续产出优质内容，创意是核心

“办公室小野”自2017年发布第一条短视频以来，截至2019年4月，已经持续输出了196部作品。“办公室小野”能做到优质内容的持续产出，其关键在于创意。

短视频领域，做美食类短视频内容的不在少数，但像“办公室小野”

这样的美食类内容能够经久不衰则是少数。仔细观察“办公室小野”的内容，不难发现，其主要是在做头部内容时能独具匠心地打造出独一无二的风格，也正是因为这种差异化，使其在美食类短视频中获得了不错的成绩。

同样是做美食类短视频，“办公室小野”却使用非常规厨具，这也是整个短视频内容中的亮点。所有的厨具都来自办公室区域的工作道具或者生活中使用的工具，这些脑洞大开的创意和奇思妙想的创新，甚至还带有一些“科普知识”的意味。

如“饮水机煮火锅”。这段短视频中，“办公室小野”将饮水机作为一口可以用来煮火锅的锅，放入火锅料，等水开之后就下入涮锅食材，这样一个创意美食制作就完成了。用户隔着屏幕都能感受到火锅的美味与“小野”的惬意。